NOVELA ESCUELA DE TITERES:
Algo que realmente sucedió.

JESUS MARIA SOLIS MEDINA

Corrección y diagramación:
Editorial Jesús María Solís Medina
E-mail: jesusmsolism@gmail.com

ISBN: 978-9945-035-04-9

DEDICATORIA

Esta obra está dedicada, a todas las personas que causaron en mi, sentimientos negativos como positivos, ya que sin la experiencia de vida, las emociones y musa habrían anidado, en otra antena cerebral.

El autor

AGRADECIMIENTOS

A mis padres –Rafael Antonio Solís Alberto y Juana Medina Ureña-, por crearme y sostener la hegemonía del proceso de vida, hasta crecer.

El autor

PROLOGO

La Novela ESCUELA DE TITERES: algo que realmente sucedió, es la historia del árbol genealógico, de una familia dominicana, de un campito llamado Carreras de Palmas, a unos siete kilómetros, al Norte de la Ciudad de La Vega.

Se destaca la forma de como los padres manejan antojadiza y manipulativamente el comportamiento y la conducta, de los niños dominicanos.

En la primera etapa, la escuela de títeres empieza por las columnas del hogar, donde los padres someten a un tren de obediencia a los niños, que sobrepasa los limites de la cordura y el humanismo -vengándose de los que le hicieron a ellos; en sus inicios el aprendizaje se basa solo en jugar. Los padres imponen reglas anárquicas y si estos no satisfacen sus ordenanzas, entonces se ensañan contra ellos causándoles daños psicológicos y muchas veces físicos, irreparables.

Luego sigue la escuela de títeres en el colegio o centro de enseñanzas, en donde los padres en busca de apoyo, profundizan el látigo psicológico, ahora con apoyo institucional. Entonces estos infantes son viciados en un circulo, que continua de generación en generación, siendo correspondidos en todos los ámbitos sociales, en que la persona humana interactúa y se desarrolla: el hogar, la escuela, el lugar de trabajo, el club, los grupos de amistades; en fin, todos contra todos, siempre queriendo ejercer una fuerza manipulativa, para con ello lograr satisfacer sus necesidades sadomasoquistas.

Bueno será recordar que solo dejaremos de ser títeres, si aprendemos a pensar de manera individual.

El autor

JESUS MARIA SOLIS MEDINA

NOVELA ESCUELA DE TITERES:
Algo que realmente sucedió.

Editorial Jesús Maria Solís Medina

- Mon y Chucho pa´ que ten atento a la cabañuela a vey si ete áñose e´ de buena cosecha.

- Siivana ayuda a tu seimánose a contay y a oiseivay lo día de ete me´ de enero a vey si Dio no va jayuday, pa´ podey sembray bien lo frútose. -Ordena Don Shuma.

Las cabañuelas son el comportamiento climatológico de los primeros doce días del mes de enero o de agosto, donde cada día corresponde a un mes; o sea el día primero de enero corresponde al mismo mes de enero, el día dos de enero corresponde al mes de febrero, el día tres de enero corresponde al mes de marzo, y así sucesivamente; esto le permite al campesino descifrar sin ayuda de ningún servicio meteorológico si el año tendrá meses de lluvia o de sequía.

Cálculo basado en la observación de variaciones meteorológicas en ciertos días de enero o de agosto, que permite a la gente del pueblo pronosticar el tiempo que hará durante cada uno de los meses del mismo año o del siguiente.

Silvana y una prima salen a la pulpería del señor Sano, situada en el Pie del Santo Cerro, frente a donde está levantado un altar en honor a la Virgen de las Mercedes, fiesta que celebra el pueblo dominicano, los dias veinticuatro de septiembre de cada año, cuando:

- ¡Mira, mira! Ese jombre tiene rato mirándote, Siivana...

- Tiene su vita fijá pa´ donde tí, etá como embelesao, como medio enamorao de tí, ¡adió...!

- Tú como que le gutate, te jodite, ¡vea!

- ¿Pero cuay jombre?

- Ey moreno, ey de lo pelito casi bueno.

- ¿Pero ey de lo léntese?

- Sí, ese migmo, ¡adió vea!

- No te jaga la vaca mueita, Siivana Damián.

En eso el guapo interrumpe sorpresivamente la conversación de estas humildes campesinas, y dice:

- ¡Hola! ¡Qué tal! Me llaman Fello Palacios.

- ¿Y.... a usted?

Dirigiéndo su vista emocionada hacia la muchacha Silvana.

- ¿Yo? ¡Adió vea!

Contesta Silvana, sorprendida por la pregunta del guapo que trataba de iniciar una conversación con ella.

- Sí, a usted misma.

- Bueno, mire, ¡vea pué!, yo no puedo diciile mi nombre, poique yo a uté no lo conoco.

- Eso no es nada señorita, joven bella.

- Mire yo me presenté ante usted, soy hombre de bien, respetado por todo el pueblo, de profesión farmacéutico; soy viudo hace ya dos años, y busco mujer para casarme de nuevo.

- Bueno, ¡mire, adió vea!, si uté quiere sabey de mi peisona, vaya pué, ¡adió vea!, a mi casa adonde papá y mamá, que éllose taivé puedan diciile, quién soy yo y cómo me llamo yo.

- Está muy bien todo eso, ¿pero cómo se hacen llamar su madre y su padre?

- Mi mamá se llama Doña Petronila Aguaviva, y mi papá se llama Don Shuma Damián.

- Pués bien, estoy muy interesado.

Don Fello era el cuarto de una larga familia, ocho hermanos de madre y padre, y ocho bastardos.

- Tengo para decirle, que usted me ha dejado impresionado con su impecable actitud.

- Ruégole desde hoy y hasta la eternidad, me considere un poderoso pretendiente suyo.

- Esta misma tarde iré a visitarle y con muchísimo gusto hablaré con sus padres, para pedirle su mano en matrimonio.

El gran señor Don Fello Palacios se marchó con la íntima convicción de que había encontrado a la mujer de sus sueños dorados, quien lo ayudaría con la pesada carga de sus dos hijos que le dejó la difunta Doña Aida del Monte, hija bastarda, que nunca conoció ni a su papá ni a su mamá, murió de diabetes gangrenosa, había infestado todo su cuerpo -osea se le desarrolló una metástasis-, ya se les caían los pedazos de carne descompuesta por la terrible enfermedad.

- Bueno tú, conque te gutó ey macho, ¿eh tu?

- ¡No ′tá may no, adió vea!

- ′Tá con que papá y mamá lo aceiten, pa′ visitaime como enamorao a mí.

- Pero se ve un macho jecho y derecho, como siempre he querío teney uno así, Angutia.

- Nunca e taide si la vacija e buena, Siivana.

- Y creo que la encontrate.

Ya se escondía el sol escarlata por el montañoso horizonte del Cibao Central, del campito de Carreras de Palmas, alejado a unos siete kilómetros del pueblo de la Ciudad de La Vega y a tres del pueblecito del Santo Cerro, cuando se oye tropezar con las piedras las erraduras de galopes de una bestia, que se acerca al rancho de Don Shuma y Doña Petronila.

Eran las pezuñas -engrosadas con la armadura de hierro-, del colosal sérmino, cuyo pelaje rojizo simulaba la alfombra de las que se usan en las caravanas egipcias, en sus viajes nómadas por las dunas de polvo y arena del infernal desierto del Sahara; sus patas armonizando sinfonías de trotes estrellantes en la calzada, y sobre este feroz animal cual santo de guerra, un esbelto caballero vestido formalmente -

camisa de blanco y pantalones de negro-, que como jefe triunfal trae asido a su mano derecha la cinta de arriar al animal, y en su mano izquierda, peinado por sus dedos de seda, un arreglo floral aterciopelado de tulipanes y girasoles escogidos personalmente de su finca del campito del Licey, por donde se inauguró por vez primera en el país un ferrocarril.

Su boca se adornó de una simpática sonriza, la cual había huido de él, y en tono fuerte, expresó:

- ¡Saludos! ¡Buenas tardes, Don Shuma!

- ¡Buena taide, buena taide, ilutre Don Fello!

- Cuánto placey no da a tó´ nojótrose pu´ aquí su visita.

- ¿Qué lo tray pu´ aquí con tanta felicidá, ¡vea! que se le pué notay de léjose?

- Demóntese, siéntese y dígano, que somo tó´ oido pá´ ecuchailo a uté.

- ¡Don Shuma!............ ¡He venido a pedirle la mano en matrimonio de su hija, aunque todavía no he tenido el placer de conocer su nombre, le confieso que me ha dejado impresionado y estoy tan enamorado, que vengo, si es que usted así me lo permite, a fijar la fecha de nuestras bodas!

- ¡Conque eso e´ que lo tray tan contento y con lo diéntese afuera, adió vea!

- Pero demóntese, ¡adió vea! Don Fello, que uté e´ bien aceitao en cuaiquiey sítiose, poy su honorable conduita, que ha peimanecío poy mucho tiémpose y poy tó´ étose sítiose nadie pué´ señalailo con ey deo, ni poy la iquieida ni poy la derecha, ni poy ey frente ni poy la epaida.

- Yo lo aceito aquí, humiidemente, en mi bojío, ¡adió!

- Véngase y demóntese de ese maidito séimino y fetejemo su entrá a nuetra humiide familia y démono un abraso y un trago de agua aidiente, uté y yo.

- Mi jija e´ média poy buen cajón y nojótrose pu´ aquí y pu´ allá, la llamamo Siivana.

- Pa´ uté lleváisela de pu´ aquí, tiene primero que traeime un cuadro de Jesú Sacramentao, pa´ resaile to´ ey día pa´ que conseive su matrimonio en pa´ y comprensión y properidá, y que gobieine la aimonía en su hogay, como lo he sío yo siempre con Petronila, que de esa santa no me puedo ni quejay, si lo jago que me paita en cuatro un rayo dey migmo cielo.

- Don Shuma, ¡pero qué nombre tan bello tiene la que será mi segunda mujer!, mi futura esposa, la madre de mis futuros hijos, y le prometo aquí que uno de ellos llevará el nombre completo suyo, para que el día que el Señor Dios se lleve su cuerpo al cementerio, su espíritu renazca en la persona dcl hijo de Silvana y yo, que llevará su grandioso nombre.

- ¡Silvana! Lleva nombre de gran mujer, símbolo de libertad, fortaleza, valor, pudor, honor, patriotismo.

- Me llena de nobleza el sentido de su nombre.

- Don Shuma, yo cuento con cuarenta y cinco años de edad, ¿y mi flor?

- Su floy como uté dice ¡Ja! ¡Ja! ¡Ja!

- Ya 'tá media añeja; como dicen poy to' étose cámpose, ya 'ta quedá, ella tiene...

En eso interrumpe Silvana y le dice:

- Papá, poy favoy, déjeme resoivey eso a mí migma.

- ¡Mire, mire, coño! vaya a cocinaile a su novio, a vey si a ey le va a gutay su sasone.

- ¡Ande, vaye! ¡Déjeno sólose!

- Deje que lo jombre jablen y que la mujere jablen entre jella migma.

- Aonde hay do' jombre jablando, la mujey que pase tiene que jincaise.

- ¡Petronila, Petronila! Mira, ven a vey quién se ha venío pacá a pidiino la mano de nuetra cuaita jija... ¡vea!

- ¡Adió vea! Ey mejoy faimacéutico dey paí, heimano dey dotoy Joaquín Palacio, ey mejoy profesionay de la salú dey pueblo dominicano.

- Un jombre repetao, como nojótrose migmo.

Así concluyó Don Shuma, al referirse a la persona de Don Fello Palacios, como todos desde su campo natal Licey Barranca les llamaban. Comieron, bebieron "agua ardiente", bebida alcohólica de uso popular campesino; Don Fello Palacios compró botellas de "crema de cacao", otra bebida tipo licor de cacao que a él le gustaba mucho, se mataba con cualquiera por un trago de la fascinante bebida alcohólica. Ese mismo día fijaron la fecha de su matrimonio. Silvana Damián, la novia, contaba con treinta años de edad y Don Fello Palacios con cuarenta y cinco, quince años mayor que la solterona.

Fijaron que para el día tres se casarían por la ley y que el día cuatro los harían por la iglesia. Así que los días tres -este día realizaron el casamiento civil-, y cuatro -en este otro formalizaron la boda eclesiástica-, respectivamente, del mes de agosto del año 1951, se comprometieron a ser felices para siempre, en la Capilla de la Iglesia del pueblecito del Santo Cerro.

Se le llama Santo Cerro a esta cima de las tantas existentes en la Cordillera Central, porque cuenta una de las tantas historietas populares, que se han propagado de boca en boca desde sus inicios hasta la fecha, que cuando los españoles invadieron a la isla de la Hispaniola, entraron y fundaron la hoy Ciudad de Puerto Plata -en el extremo norte de la isla, donde se sitúa el Océano Atlántico-, en su agonía de saquear todo lo que encontraban a su paso, asesinaron a mansalva a la población indígena existente que habitaba la isla -se dice que unos quinientos mil-; y en un encuentro de guerra entre los extranjeros piratas y los indígenas, dueños y señores de esa cima de la montaña, de repente se les transfiguró la imagen o silueta de un ser acompañado de ángeles, reconocida, adorada y nombrada en el Viejo Mundo como la Virgen de las Mercedes, en la cual los indígenas fueron defendidos del asedio criminal y mortal.

En el lugar habitaba desde muchos años, un frondoso árbol de níspero del cual queda aún una descendencia de la genealogía del árbol principal; por lo que los mismos españoles, metidos en miedo aterrorizador levantaron un santuario alrededor del mismo, donde miles de feligreses cada año -desde entonces- se acercan y adoran a la Virgen, por su hazaña en favor del pueblo desprovisto de los elementos del poder; así se le llamó a esa cima Santo Cerro.

Resultó ser el máximo escenario donde familiares, amigos y vecinos se reunieron -previa invitación-, y compartieron la celebración nupcial, con una caravana de burros, ataviados para la ocasión con cintas de diferentes colores, campanillas, pétalos de rosas, incienso y mirra.

El esposo pudo, por fin, acercársele a la novia y besarla en público, puesto que en aquellos tiempos estaba tajantemente prohibido que los novios comieran gallina en soledad en ningún sitio, siempre estaba acompañada o de la madre de la novia o del papá, o del maldito y piojoso hermanito que era más jodón que el diablo y comía más que una nigua en silla de guano, cuando los fines de semana les tocaba ir a la pulpería a comprar mentas verdes o de guardias y barquillas tipo paragüitas. Allí se juraron amor eterno, ante Dios, la ley y los invitados.

Desde ese momento fueron uno; el esposo se convirtió en su dueño, su amo, su protector y benefactor, mientras que la esposa le ofertó sumisión, respeto, pudor, responsabilidad en cuanto a los quehaceres domésticos y absoluta disposición para complacer todos los antojos del esposo.

Tras un mes y quince días de noviazgo, se mudaron a la Calle 27 de febrero, de la Ciudad de La Vega, República Dominicana. Esperaban por amor de madre, dos huérfanos que desde par años eran cuidados por Don Fello, su padre. Ramón y Rafael, el uno de catorce y el otro de seis años de edad. No sabían ni bañarse, Doña Aída del Monte su madre los consentía en extremo y hoy a su falta eran tímidos, apartados y silenciosos. Pero gracias a la misericordia divina, llegó enhorabuena Doña Silvana Damián quien gozaba de la experiencia de crianza heredada, al ser la cuarta de una familia de diez, pues ayudaba a su madre Doña Petronila. Silvana los comprendía en su dolor, y pronto los adoptó sus propios hijos.

Pasaron los meses, hasta que un día:

- ¡Ayyyy! ¡Ayyyy! ¡Ayyyy!

- ¡Pero...!

- ¿Qué te sucede mi amor?

- ¿Qué te pasa?

- ¡Dímelo rápido!

- ¡Ayyy, Fello tengo deseo de vomitay, me duelo mucho aquí en la vagina y tengo mucho mareo!

- ¡Por Dios, Silvana, a eso ahí no se le llama vagina, sino bajo vientre!

- No te preocupes, que con el tiempo te enseñaré a decir los nombres correctos de tu cuerpo y a mejorar tu lenguaje campesino.

- Tranquila, mi amor, llamaré al doctor para que te examine.

- ¡Ayyy, Fello no te vaya, poique tengo mucho deseo de vomitay, tengo jervórese, aaayyy!

- ¡Ayyy! Creo que me muero y ¿qué jeto tan grande Fello?

- Tranquilita mi cielito precioso, ¡oh, queridísima y amada esposa mía!, es que quizás estés embarazada de nuestro primer hijo o hija.

- ¡Qué!

- ¡Anday diablo!

- ¡Yo preñá!

- ¡Eto fue juyendo!

- ¡Ayyy, me duele la pieina!

- Déjame llamar a la vecina Doña Isaura, para que se quede contigo, mientras yo busco al doctor; y de paso iré por donde la comadrona Cristina Soto, para ponerla al tanto y venga a darte unos baños íntimos, que te van a aliviar esos malestares.

Doña Isaura y Don Ernesto, fueron los primeros vecinos que les dieron la bienvenida a Doña Silvana Damián, cuando casóse con Don Fello Palacios; Don Ernesto, incluso, fue maestro de filosofías, letras y matemáticas en el Liceo de la Ciudad de La Vega, cuando Don Fello Palacios cursaba el bachillerato, y por la conducta de éste Don Ernesto lo admiraba y a todos sus amigos les contaba de este nuevo prospecto pueblino.

Sólo los distanciaba una casa de por medio, eran como la uña y el dedo, amigos inseparables, de un buen vivir.

Doña Silvana se retorcía en su cama de casada, situada desde la entrada de la Calle 27 de febrero a mano izquierda, la primera habitación; luego seguía otro aposento, la cocina, el baño, el patio y el callejón que se dirigía a la parte frontal de la casa; desde la entrada principal, la sala y comedor y la terraza, la zapata en pilotillos de madera preciosa, piso de tablas de pino y toda la casa hecha de tablas y techada de madera y zinc.

En el patio, que se encontraba en la parte trasera de la casa, había un aljibe de donde se extraía agua útil para los quehaceres domésticos, y para la higiene personal, también se encontraba en el patio una letrina; el agua de tomar, se recogía al caer la lluvia en un tanque hechura de metal y en unas vasijas de barro llamadas tinajas -utensilio doméstico heredado de las tribus indígenas genocidiadas por los intrusos españoles-, a través de caños de aluminio que bordeaban toda la estructura de zinc del techo de la casa.

- Silvana, mi amor, cómo te sientes, ¿te has aliviado?

- Aquí vengo con el doctor.

Era el médico más popular del pueblo, el doctor Joaquín Palacios, hermano mayor de Don Fello.

- ¡Ay, no Fello no, aonde tu ʼtaba que me hicite tanta faita!

- ¡Ay, ay, ay! ¡Coooño! ¡Coooño! ¡Coooño!

- ¡Oh..., pero bueno!

- ¿Y qué resabios son esos Silvana?

- ¿Acaso no te das cuenta que estás en presencia de tu cuñado, que viene a atender tu dolor, a poner un calmante en tus venas, a tomarte la presión arterial, y en fin a tomar varias muestras, de orina, fecal, del flujo vaginal, de sangre, etcétera?

- Silvana tranquila, que yo no te dejaré sola, para eso soy tu esposo, en las buenas y en las malas.

- ¡Gracia, Fello! poy sey tan amable conmigo, yo no sé qué hubería sío de mí, si tú mi amoy no bia tao aquí, con ete doloy de epaida y la cadera, jerbore poy toʼ sítiose; ¡ey diablaso!, si tú Fello me hubería dicho eso cómo era, que depué de cogeino gútose lo do, hubería que pasay ete maidito doloy poy toʼ lo sitio dey cueipo, mejoy me ecapo y me hubería dío de nuévose a vivii con mi mamá y mi papá, en ese condenao campo de Carrea de Paima, en ey pie dey Santo Cerro.

- Bueno, mi hermano Fello, parece que el huevo se insertó en el útero alrededor de los veinte días, trata que no haga ningún tipo de esfuerzos; es más que guarde reposo absoluto por espacio de unos quince días, para descartar la posibilidad de un desprendimiento intrauterino del óvulo fertilizado, ya sabrás que se trata de la edad avanzada de Silvana.

- ¡Son treinta de los buenos, eh, mi queridísima cuñada!

- ¿Que dijo? ¡Maibao! ¡Coño!

- ¡Fello, Fello, Fello, me duele la vagina, poy delante y poy detrá!

- Te he dicho varias veces y te lo repetiré cuantas veces sean las necesarias, que esa parte de ahí en donde señalas que te duele, no se llama vagina, sino bajo vientre.

- Pué como sea, lo cieito e´ que me duele ma´ que ey migmo diablo.

- Que la vingen de la Meicé me entrecoja en su sénose en eta prueba de amoy.

A pesar de que Doña Silvana Damián de Palacios era una persona de buen comer, trabajadora de sus quehaceres domésticos y los de su marido, así como Dios manda a hacerlo, al parecer Don Fello había descubierto que además de todas las cualidades de esta señora, inusualmente, se trataba de una mujer con altos niveles de consentimientos.

Aun así Don Fello Palacios, como un verdadero caballero, nunca les enojaron los sinsabores de su embarazada esposa de treintiún años de edad.

Le hedía el cuerpo del esposo -a pesar de que ella misma se encargaba de restregarlo en el baño, ya que el cuerpo de su amado esposo expelía -en su mente- un olor desagradable, quien sugirió que le pasara el musú con menos fuerzas, ya que iba a dañarle la piel-, vomitaba con mucha frecuencia, de los nueve meses de gestación pasó acostada en cama alrededor de seis. Por lo que Don Fello no le quedó de otras y contrató a la comadrona Cristina Soto, con dormida, hasta que Doña Silvana diera a luz y saliera del riesgo.

Así que el día dos de julio del año 1953, nació una criaturita de ocho libras y media, a la que Don Fello le puso por nombre Silvestre Palacios Damián. Estaban llenos de algarabías, pero Don Fello creía que se trataba de la ansiada y esperada hembrita, pero no, fue un varoncito de un aspecto agradable. Todos estaban felices de que Doña Silvana diera a luz a su primera criatura; para ella era un triunfo, un honor, un privilegio, una oportunidad divina. El primogénito era un varón.

Pero con éste para Don Fello sumaban tres varones y desde lo más profundo de su alma, deseaba que el cielo le regalara una niña.

Los días pasaron y llegó la hora de bautizar al niño, en la Capilla de la iglesia católica de la Ciudad, dirigida por Monseñor Panal, párroco de la diócesis de la Ciudad de La Vega; el padrino lo fue el respetadísimo y temible Don Ludovino Fernández, uno de los principales militares de alto rango que estaba en su apogeo en el gobierno del dictador, el Benefactor y Padre de la Patria Nueva, el Doctor Honoris Causa, Generalísimo -cinco estrellas- Rafael Leonidas Trujillo Molina.

Era la estación donde reinaba el buey, en este país se debía hacer exactamente, al pie de la letra, lo que el buey dijera, pues, de lo contrario, sería asediado -como lo fue Monseñor Panal párroco de la diócesis de la Ciudad de La Vega-, desaparecido, o ahorcado, o fusilado, o echado al calabozo con toda clase de insectos picadores y ratas, cucarachas, hormigas traídas en exclusiva para hacer daño en torturas a los detenidos de la dictadura.

Se estaba en la época en donde el derecho a la palabra hablada o escrita tenía veto de muerte, sólo el lenguaje no verbal les era permitido, a escondidas, al pueblo dominicano; con su sangre este pueblo ha roto las cadenas que oprimen, que dañan, que matan, que desaparecen, que encarcelan, que deportan.

¡Oh, buey maldito!

¡Gloria a los mártires que segaron tus hazañas diabólicas en contra de las justas ideologías del pueblo dominicano!

¡Gloria eterna a los fundadores del nuevo amanecer, donde todos tienen el derecho a la palabra, en cualesquiera de sus manifestaciones!

Rápidamente pasaron cuatro años, nace otro varón a quien pusieron por nombre Sócrates Palacios Damián, y buscaron como padrino a Don Pedro Candelier, uno de los caballeros de la Ciudad de La Vega, donde el incursionista delincuente Cristóbal Colón expresó, desde la cima del hoy llamado Santo Cerro, "ojos humanos jamás han visto tierra tan hermosa, como la de esta Vega Real".

La Ciudad de La Vega Real, por sus hazañas deportivas desde muchos años es bautizada como Ciudad culta y olímpica; cuenta con las mejores comparsas del área del Caribe, "Los Diablos Cojuelos"; un pueblo con más de seiscientos años de fundado; el valle más extenso del país; la Ciudad con más profesionales y destacados literatos; el Municipio con más desarrollo demográfico, cuenta con la mayor proyección en la apertura de medianas y alta empresas del país; el pueblo de los jardines exóticos y mujeres más bellas.

Ya parecía que Don Fello Palacios se quedaría con esos cuatro varones, dos de la primera esposa y dos de la segunda.

Como hombre al fin, buscó una hembra en mujeres fuera de su compromiso nupcial y al parecer la encontró, la cual aceptó en su casa Doña Silvana sin oposición, ya que la mamá de la nena se encontraba en una situación económicamente precaria, y pusieron como nombre Esmeralda, quien nunca fue reconocida con el apellido de Don Fello, por situaciones dadas que ofendieron directamente la moral y el honor de este caballero vegano.

- Silvana, aquí te traigo esta niñita para que tú me la críes; la madre me la regaló.

- Fello, ¡adió vea!, hay que daile un puigante pa´ sacaile poy boca y culo, la lombrísese que le tienen esa barriga como cuando yo ´taba preñá.

- ¡Por favor, no hables así, sólo cuenta con tres añitos, mi negrita; es tan bella!

- ¡Bella!

- ¿Y aonde e´ que tu tiene lo sójose, Fello?

- Fello yo te la vuá a limpiay, y epero que cuando te la limpie jata ey cocote, no se apareca la sabandija de la mamá en reclamo de su jija, poique esa arratrá y yo no vamo a matay como do pérrase.

- La haitiana eta depué que yo la limpie y la ponga a vomitay to´ la culébrase que tiene en la barriga, va sey como jíjase de aquí.

- De agora en adelante y pa´ siempre yo le vuá poney poy nómbrese Emeraida.

La niña creció, como una hija de la casa, y pasaron los años y se convirtió en adolescente; más puta que una gata en celo, más caliente que un fogón de cuaba, se entregaba a todo nacido vivo de los muchachos del Quinto Patio, era la muñeca de juego, el hazme reír de todos, el desahogo de los adolescentes que querían iniciarse en la vida sexual, ella lo enseñaba a caminar por ella, sólo por deseo, por placer.

Se trataba de una hija bastarda, la cual nunca aceptaba el consejo de su padre ni de su madrastra, por lo que Don Fello un día la aconsejó de esta manera:

- Mira Esmeralda, he sabido de boca de la gente que te andas besuqueando con tu novio, en los parques del pueblo, tú más que nadie sabes de mi intachable reputación y conducta; pero, yo no me opongo de manera categórica a que tengas cuantos novios te dé las ganas.

- Lo que sí es de cierto, es que el día que me vengan a decir algo de tí, que pueda tener pruebas y que ofenda mi moral, hasta ese día vivirás en esta casa y serás mi hija.

- Te daré ese día veinte y cuatro horas para salir de aquí; vencido el tiempo, tiraré de toda tu ropa a la calle y nunca más te veré como hija, borrándote de todo testamento que hubiere escrito hasta el momento.

- ¡Nadie relaja y se burla de mi moral de tantos años!

- Papá no se apure tanto poy mí, utédese me dieron ete tamaño y yo lo voy japrovechay como ma´ le convenga a mi corasón y a mi cueyp...

En eso Don Fello le frena la lengua con una bofetada en plena cara; escupió la sangre del veneno que se disponía apoderarse en su lenguaje pueril, para condenar y encadenar el sentido del discurso de su padre.

- ¡Mala agradecida, hija de mala madre!

- ¡Cuántos años perdidos tratando de darte ese tamañazo que tienes, para salirme con ese exabrupto!

Los años siguieron su rumbo, cuando era la madrugada del 18 de noviembre del año 1964, una mujer madura -Doña Silvana Damián de Palacios- se debatía entre la vida y la muerte, su matriz palpitaba y convulsionaba por el torbellino que le arrancaba la esencia de ser o seguir. Todo su yo brumoso, apático e inseguro. Era ella o él.

La penalidad femenina cubría los mares psicológicos, cuya dualidad era la esencia de la intriga incorporada en la novena estación.

Agitados todos con la espera no sabían a quién adorar, a la hembra símbolo de anillo o unidad, o al varón emblema de cabeza, soporte, mando, poder, equilibrio, prolongación.

Martes, tres de la madrugada de aquel dieciocho de noviembre, eran abiertos los abismos de los cielos y luciérnagas cual faro, mostraba la esplendidez de los eternos, aplaudiendo la llegada con alharaca de aquel féretro cuyo atavío afelpado blasfemaba lo humano.

Lo nombraron Shuma Palacios Damián, en honor a su abuelo Don Shuma, quien un mes antes de nacer, el día 12 de octubre del año 1964 murió a consecuencias de traumatismos múltiples, provocados por un aparatoso accidente de tránsito, en la Carretera Duarte, a la altura del kilómetro siete, del campito de Carreras de Palmas, que lo arrolló cuando venía de la pulpería de Enrique, de comprar sus acostumbrados cigarros de hojas de tabaco, expirando unos minutos después cuando era conducido de emergencia a una clínica del alejado pueblo de la Ciudad de La Vega, la cuna de los grandes hombres pensantes.

El discurrir de sus primeros días fueron fabulosos, era el retoño de dos longevos, cuyo balbuceo era lengua extraña, pero de ágil interpretación de los fascinados que no entendían ni descifraban el futuro incierto que el destino agolpaba, en cada paso o mirada.

- ¡Pero la veidá hay que diciila, ej un ñiño bello!
- Me vua´ a queday con ey, va a sey como si fuera mío, Siivana.
- Bueno, si me lo tratan bien, lo bañan y cambiaíto, pa´ mí na´ e´ na´.

Esmeralda andaba de arriba para abajo, de esquina en esquina, con su hermanito Shuma Palacios; Rafael trabajaba en una tienda de long play de cuarenta y cinco minutos y de una hora, y tampoco dejaba quieto a su hermanito, casi a diario se lo llevaba para la tienda de discos y Esmeralda tenía el compromiso, después de regresar del Liceo, de irlo a buscar y llevarlo de regreso a la casa, donde lo esperaba ansiosa su madre Silvana Damián de Palacios.

Este bebé era la atracción más peculiar para Ramón, Rafael, Sócrates, Silvestre y Esmeralda, se la pasaban de mano en mano con el singular retoño, quien portaba un aspecto de niño inquieto, inteligente, de familia sagaz y despiertos de la mente, se le veía escudriñar cada esquina de la casa, como si hubiese dejado algo guardado.

El tiempo dejó sus huellas perennes, hasta que un día de esos en que Don Fello llegó de su trabajo -diligenciador de servicios tributarios y de bienes raíces, de gran renombre por su alto grado de responsabilidad; retirado ya de la farmacia de su hermano que se desempeñaba como encargado de la misma, ahora en sus horas libres y noches de insomnio -ya que las personas muy inteligentes y despiertas tienen dificultad para conciliar el sueño nocturno- fabricaba medicina popular, ungüentos y pomadas, a eso de las doce del mediodía, Doña Silvana le tenía tapada en la mesa del comedor de la sala, su comida, se sienta y almuerza; luego, reposa en una de las mecedoras de caoba centenaria que su padre le regaló el día de su compromiso nupcial con Silvana.

Estos muebles pasaban de mano en mano, según se casaba el primogénito de la familia descendiente, manda a su hijo más pequeño Shuma, quien contaba con tres añitos de edad, a comprarle una Malta Morena a la pulpería de la esquina del Quinto Patio, el niño regresa, se sienta en una de las piernas de Don Fello, su padre, a espera del fondito de malta que su progenitor siempre le dejaba, cuando en eso llega asustado y medio tembloroso, con una duda que se confundía con su rostro de niño brechero y oportunista   -y buscando a ver si con lo que llevaba en mente podía levantar algún dinero, para comprarse sus meriendas-, a la presencia del caballero de caballeros, Don Fello Palacios, y opina entre dientes lo siguiente:

- Don Fello, yo quiero dicile una cosa.

- Dime niño, ¿en qué te puedo ser útil? - Júreme que no se lo va a dici a nadie.

- Los hombres nunca juran y menos delante de los niños.

- Dime a ver qué es lo que te intriga y te trae así con tantas labias.

- Don e´ que pasiando yo poy ey paique vide a su jija chuliándose con su novio, y ey maidito depué de coméisela viva con la boca, ¡adió vea! la jaló poy lo móñollose como cuando uno jala a una burra poy ey rabo.

- Mira niño, no le vayas a decir esto que vieron tus ojitos a nadie.

- ¡No, Don Fello!

- ¿Y cómo va jacey que yo vuá tay de jabladoy?

- Yo si acaso se lo puedo dicí a toa mi familia y a aigúnose de mij amítose, solamente jaéllose, Don...

- ¡No te atrevas a decírselo a nadie!

- ¿Entendiste?

- ¡Sí señoy, creo...!

- Ten ese centavo, para que lo compres de mentas de guardias y de frutas, son como diez que te dan.

- ¡Ay, gracia, Don Fello, uté e´ tan bueno con tó´ lo níñose...!

- Mira Silvestre, ve y observa el panorama, pero no intervengas en sus asuntos, tú sólo vas a probar qué de cierto es todo lo que el niño nos dijo.

- ¡´Ta bién papá!

Don Fello se quedó callado por mucho rato a la espera de su hijo Silvestre, quien había ido a comprobar los hechos, así que al cabo de unos cuarenta y cinco minutos, el niño regresa cargado de las informaciones para su padre, que ni respiraba de la furia que lo carcomía por dentro y oportunizaba para enjuiciar a la malvada que desde varios meses estaba ensuciando la moral de la familia.

- Papá, to´ lo que ey níñose le contó to´e una veidá.

- ¡Gracias mi hijo, ten cinco centavos para que te compres unas barquillas de chocolate!

- ¡Ay... gracia, mi papá!

Dicho y hecho, como le había prometido Don Fello a su hija años antes, sucedió lo inevitable, Esmeralda ese día llegó a la casa a las ocho de la noche, puesto que las puertas se cerraban a las nueve y quien estuviera fuera de la casa no volvería a ser parte integral de la familia -lema de batuta y constitución dada por los padres de antaño-; Esmeralda se había atrevido a los dieciocho años de edad a retar a su padre, quien se preocupó que desde muy pequeña no le faltara techo, higiene, alimentación, salud y educación adecuadas, esta se creía mayor que él y lo desafió llegando a la casa toda estrujada por el malvado que decía ser su prometido, pero al que nunca se le confirió tal título, ya que era un desconocido para la familia.

- Mira Esmeralda, recoge tu ropa.

- Tienes veinticuatro horas para recoger todas tus pertenencias e irte a donde quieras; desde hoy ya no eres mi hija, ni pertenece ni vives en esta casa; desde la fecha y para siempre serás una desconocida para todos nosotros.

- Pero papá, ¡Nooo...! ¡Nooo...! ¡Nooo...! ¡Nooo...!

- Ya sabes, has desobedecido mis reglas fundamentales de mi familia y me has traicionado con tu comportamiento deshonesto y desleal.

- ¡Vete y no vuelvas más, ya no eres más mi hija!

Seis meses después...

Rafael, segundo hijo que tuvo Don Fello con la difunta Aída del Monte se la pasaba de cavaré en cavaré, emborrachándose hasta perder la razón; toda su vida eran las fiestas y mujeres de la mala vida; no quiso estudiar, solamente lo elemental, hasta que en el año de 1969 falló su corazón a causa de una cirrosis hepática, producto de una vida desordenada y vacía, dejaba este mundo sin haber aportado nada bueno a la sociedad con la que le tocó interactuar.

Jueves, nueve de la mañana, del 17 de septiembre de 1970, Shuma -el hijo menor de Don Fello- contaba con cinco años de edad, el polvo exigió el cuerpo de su padre, cariñoso, inteligente, famoso, caballero, ducho personaje que no puso reparo en sus días para hacer el bien y la honestidad habitaba en su corazón. Amado por todos, éste lo dejaba sólo con ilusiones de un pasado que fue y ya no es. La pérdida era irreparable, se largaba su modelo.

Agitados por la precariedad, en días en que la abundancia se convertía en utopía, los hermanos mayores con mentira y chantaje lo despojaron irreductible e irrefrenablemente de su herencia; llegados los dieciocho años no quedaba ni morada fija. Nómada como otras culturas era su historia presente.

Mayo de 1970, ocho de la mañana...
- Ya se vino ey momento, tenemo que mudaino a Carrea de Paima, aonde mamá.
- Aiquilaré eta casa y seivirá de ayuda pa´ la comia.

Dice Doña Silvana Damián Viuda de Palacios a sus tres hijos, después de quedar sola de un esposo ejemplar, que era todo para ella.
- Siivetre, Sócrate y Shuma, recojan su juguétese ¡vea!, y toda esa funda y tráiganla pa´ cá pai´ camión.
- Mamá recuelde que mañana tengo que ilme pa´ la Capital, el semetre empieza el miélcole y ya hoy e´ domingo.

Le dice su hijo mayor Silvestre, quien tenía un aprobado un semestre como estudiante de la Universidad Autónoma de Santo Domingo (UASD).
- Yo no me opongo a esa conjetura esa mi jijo querío, pa´ eso migmo me etoy efoizando y e´ pa que utédese etudien y no se queden brútose como yo.
- Señora Siivana, revise uté migma si e´ que no se queda ma´ ná´, poique hay que daise pronto, yo oí en ey Caribe que hoy se venía un noite, con mucho viento y

ese puente dey río Camú e´ de táblase y hay aigúnase que ya no siiven, etán podríase, véngase pronto con lo níñose.

- Ey chiquítose póngalo ay lao mío, lo sótrose uté migma lo jatientiende.

- No vamo en ey Nombre dey Padre, dey Jijo y dey Lepíritu Santo, y que la Vingen de la Meicé no entrecoja a tó´ nojótrose en su sénose, amén -termina el señor Pigín encargado del acarreo, que como cristiano se encomienda a Dios, antes de partir al viaje de unos siete kilómetros, con varios atajos y con angostas curvas que en su seno llevaban marcadas con sangre de los infelices que se habían accidentado.

- Mi heimano Nando y su mujey, ¡una rúbiase que se parece na´ má que a Santa Cló, que ´tán en Nueva Yoy me dijo que me juera con éllose pa´ llá, pa´ jayudayle en lo cocinao ja éllase, y que iban a pagay cuáitose poy tó lo que yo le jayude a éllose, pero no quiero dejay a todo mi jíjose criándose sólose, depué no me oyen y se crían maicriaísimo, depué ¡vea! son como uno pérrose con uno y no hay ningún ese que lo aguanten -sostiene Doña Silvana Damián Viuda de Palacios, al conversar con el señor Pigín.

- Pero Doña Siivana no se moitifique ma´ que uté lo etá jaciendo bién, con mudaise a su casa mateina, ¡vea!

- Pero Doña Petronila se va a sentii cómoda con utédese, ya que le serán de mucha compañía y de apoyo ja ella, ¿veidá? ¡vea uté! -comenta el señor Pigín, a Doña Silvana Damián, quien se encontraba muy triste al dejar su casa de veinte años, donde procreó a sus tres hijos con su esposo, el difunto Don Fello Palacios.

- Mamá tengo jambre, me voy a bebey la botella veide de leche de vaca -dice Shuma, tratándose de la botella que contenía la leche con avena y demás cereales, que era lo único que ingería esta singular criatura y el cual contaba con seis años de edad.

- ´Tá bién, bébete la botella negra, que tiene avena, leche y chocolate -responde Doña Silvana Damián Viuda de Palacios a su hijo más pequeño, que estaba gordito o mejor dicho, gordísimo; se tomaba al día cinco botellas de leche con cereales y no comía otra cosa que no fuera leche con cereales; el pediatra, Doctor José Pérez le decía que si seguía suministrándole al niño excesiva alimentación sólo basada en lactosa, podría atrofiarles el crecimiento de los testículos al niño.

La familia de Doña Silvana, una de esas que comen en abundancia, -"mejoi que sobre la comía a que faite o que se queden con jambre"-era su lema, como baluarte patrio.

- ¡Anday diablo! Si e´ que ey maidito río dey Camú viene jondo pero jondísimo de agua, y ete maidito puente que Balaguey no lo arregla.

- ¡Mire bién lo que uté dice en contra dey Presidente!, que en ete pueblo jata la brisa tiene oido -reclama Doña Silvana Damián a Pigín, el señor encargado de la mudanza, que con opulenta impotencia se quejaba del mal estado del único puente que comunicaba al pueblo de la Ciudad de La Vega, con los demás vecinos del Cibao Central.

- Eso e´ veidá, tiene mucha razón Doña Siivana, peidone, e´ que ey peligro que corre la gente en ete pueblo ay cruzay ey bendito río e´ grande, y ey pueico ese viene a ca´ rátose, pasa pua´ ahí y se hace ey ciego, ey soido y ey mudo.

- ¡Azaroso! ¡Fatay! ¡Azaroso! -cargado de una rabia impotente se desahoga de una fortísima carga, de lo más profundo de su alma el señor Pigín.

- Niño duéimanse, y jata yo lo voy jacey, pa´ no ecuchay la rabieta de ete compay, que de seguro tiene que sey comunita; solamente un comunita se epresa como uté, sin impoitaile ná´ a cambio de ná´ -murmura con espanto Doña Silvana Damián, al señor Pigín, con miedo aterrorizante de ser oidos por los perros del gobierno, al servicio de la autocracia existente por esos tiempos en el país, donde eran premiados los que con sangre quitaban del medio y asesinaban a mansalva, a los que solían hablar o expresarse en contra de la tiranía del gobierno de turno.

- Mamá, me jodí, con eta mudanza tan layga, yo que toy en ey liceo dey pueblo, y nojótrose vamo pa´ un campo siete kilómetro má´ léjose -preocupado por la situación conduce su razonamiento Sócrates, el segundo de tres hijos que procreó Doña Silvana Damián con su difunto esposo Don Fello Palacios.

- ¡Jijo mío!

En eso rodaron por su maltratado rostro dos lágrimas que no se hicieron esperar de los ojos de Doña Silvana y consuela a su hijo.

- La vida e´ jasí, yo me vine dey cámpose ay pueblo cuando me casé con Fello, y ahora me vengo de nuevo con mamá; taivé ¡vea!, la cosa no sea iguay que ante de casaime, poique dice la gente que "en tu casa no te tratan iguay, cuando regresa de nuevo, depué de casaite".

- Ajualá no sea veidá lo que dicen pu´ ahí, deso -opina Doña Silvana.

- Shuma no te dueima y tú Sócrate y Siivetre, no jodan tanto que ya me tienen empepitá, con tanta pregunta y tanto jodey, ¡coño!

- ¡Mamá! -vuelve Sócrates.

- ¿Y mi karate?

- ¡Qué karate ni de qué karate!

- De qué tú me 'tá jablando, muchacho dey migmo diab...

- ¿Uté no sabe que yo soy la mejoy seleición dey pueblo de La Vega Reay?

- ¡Qué!

- ¿Qué tu dijite, mi jíjose?

- Que yo soy lo mejoy de la seleición dey pueblo de La Vega, y pronto vamo tó´ nojótrose pa´ la Capitay a peliay con otra ecuela di allá.

- ¡Pero eso si tá´ bueno!

- ¡Venga pa´ daile un beso a mi jijo!

- Que Dio te bendiga, y te jaga un jombre bueno, y própero y que me ayude a mí y a tu´ seimánose.

- No, mamá, yo soy quien voy a trabajal pa´ la Capital, y me voy a bucal una casa, pa´ lleválmelo a tó´ pa´ llá; que vivamo junto tó´ allá.

- ¡Cuente con eso!

- ¡Se lo juro mamá! -augura bajo juramento y cruzando los dedos índice y medio, de la mano derecha, su hijo mayor, Silvestre Palacios Damián, ahora representante familiar, quien contaba con dieciséis años de edad y cursaba el primer semestre del Colegio Universitario (CU), en la Universidad Autónoma de Santo Domingo -UASD-, a su madre Doña Silvana Damián Viuda de Palacios y a sus dos hermanitos, Sócrates con doce años y Shuma con seis años de edad.

Con el traqueteo de la mudanza se rompe una valiosa y hermosísima obra de arte arquitectónico, que Don Fello Palacios, había fabricado con sus propias manos, cuando regresaba por la tarde de su oficina de asuntos tributarios; la casita hecha en dos niveles, con luces, amueblada, habitada por muñecas, diseñada en ladrillos hormados con cajitas de fósforos Estrella -la parte hueca se llenaba con cemento y al secarse daba como resultado un bloquecito en forma de un ladrillo.

Las columnas estaban hechas de conitos de poliuretano en donde venía envuelto el hilo de coser la hechura en tela de los pantalones y las camisas, que Doña Silvana hacía para sus hijos.

- ¡Llegamo, gracia a Dio y la Vingen de la Meicé!

La madre de Doña Silvana y otros familiares salen al encuentro, con júbilo y mucha alegría.

- ¡Gracia a Dio!, ya llegaron, me tenían muy preocupá, con ey puente dey río Camú y ey dey río Seco, que cuando 'tá lloviendo se deboidan y se llevan a to´ ey mundo -señala Doña Petronila Aguasvivas, madre de Doña Silvana Damián.

- ¡Hole mi jíjose!

- ¡Cuánto tiempo lo jeperé!

- ¡Ya si lo tengo a to´ utédese aquí ceiquita de mí, en mi propio bojío!

- Mamá, me ha cotao mucho sacrificio ey dejay mi bojío en ey puéblose, pero...

Doña Silvana deja rodar dos lágrimas por el follaje de su cutis agrietado por la precariedad emocional, al sufrir el desenlace del deceso de su esposo Don Fello, y continúa conversando con su madre Doña Petronila Aguasvivas:

- ... me encontraba tan deprimía que quise venime a viví contigo mamá.

- Jija tu sabe que tu 'ta en tu bojío, aquí nacite y aquí te quedará ey tiempo que tu quiera viví, te laiga cuando te dé tu gánase, no la mía.

- ¡Ayuden a Pigín a demontay tó lo terétese, pero con cuidao, que no se le vaya a rompey na´!

- ¿Oyeron mucháchose? –le ordena Doña Petronila a unos cuantos nietos y trabajadores de la finca que se encontraban agrupados a la espera de Doña Silvana.

- Pero vengan a comeise un rico sancocho que le jice, ¡vea!

- Maté ey gallo japoné, ¡adió vea¡, que pesaba como quince líbrase.

- Tiene yuca, batata, plátano, yautía de la blanca y de la amarilla, mapuey, cilantrico, ajo, sebolla, cilantro ancho, tomate de lo chiquítose, malagueta, aceite de pueyco, naranja agria, agua lluvia, apio, bija, tajo de re´, tajo de chivo, tajo de pueyco, papa, ñame, y un con tó´, ¡vea, pué! -detalla Doña Petronila a su hija Silvana, refiriéndose al sancocho que es un plato indígena resultante de salcochar cuantos víveres se tenga en ese momento, acompañado de varias carnes animales y de aves, con suficiente agua para quedar flojo o tipo sopa.

En eso llegan a saludar a Doña Silvana Damián Viuda de Palacios, su prima hermana Angustia -la misma que veintiún años atrás enteró a Silvana de que el difunto, con sus ojos de lado no le quitaba la mirada de encima-, sus vecinos el señor Pepitón y esposa -distinguidos por su espectacular enseñanza escolar y universitaria-, los Suárez, los esposos Guzmán, los Sánchez, los esposos Abreu, los esposos Concepción -trabajadores sociales en la enseñanza de la doctrina católica y cristiana-, los esposos Veras, los Tolentino -quienes fueron de gran apoyo económico para Doña Silvana-, Yiya, Félix Morel -apodado como Felí Botón, a éste personaje de la vida campesina en una ocasión el señor Fello Damián, primo hermano de Doña Silvana, lo encontró pegándole los cuernos a Chembo con su esposa la Chemba-, Frank, Mami -quien luego de un episodio de traición pasional se hizo ordenar en el convento como monja-, Daniel, Catalana y Lauro -esposos dedicados a la fabricación de conconetes, macitas, roquetes, hojaldres, pan y demás derivados de las harinas-, Lalo, el Chembo y la Chemba -cuidadores de una de las fincas de los Damián-, Tosey el zapatero, Persio, Juan Cucú y su amante Cesarina, Querido un personaje de profesión gallero, entre muchos otros, que se criaron juntos como hermanos en Carreras de Palmas, Ciudad de La Vega.

Había un estado de semifiesta celebrando la llegada de la cuarta de una familia de diez, Doña Silvana.

- Hola Josefa, ¡cómo 'tamo! -salula Doña Silvana a una de las sobrinas que se encontraban celebrando su retorno a la casa materna.

Todo era algarabía de los lugareños, ya que Doña Silvana se dejaba querer por vecinos, amigos y familiares.

- ¡Sión tía, qué bueno que vamo a 'tay júntase!

- Yo le ayudo con lo niño ma' chiquítose y uté se enreda con la cocina, que no quiero que se me vayan a dañay la úñase y ey pelo que lo tengo sueito, me puse una untura pa' la cápase.

- ¿Y qué te pusite mi jija?

- Me puse una pósuma de manteca de cacao, aceite de coco, limón y aguacate, eso dique cura la anemia en ey cuero cabelludo.

- ¿Y quién te dijo eso muchacha dey diab…, de Dio?

- ¡Oh, ¡adió vea!, tía la géntese dice eso.

- Y parece que e' veidá, poique to' ey mundo lo usa.

- Pero muchacha,¡vea!, tú si que ere una campesina samura.

- En la tienda venden uno produitose que te jayudan a alimentay ey pelo y ey cuero cabelludo -puntualizó Doña Silvana a su sobrina Josefa.

- Bueno, bueno, tía yo no tengo cuaito pa' compray eso que venden pua' ahí.

- Yo mientra tanto, en lo que va y viene, yo uso lo que tengo atrapao en mig mano.

- ¿Y bién, tía ¿cómo se siente uté depué de la mueite de tío Fello?

- ¡Adió vea!, mi jija, aguantando jata vey qué será de mi trite vida!

- Agora que me he venío pa' 'cá, pa' podey sopoitay ey fuetaso que me viene encima, con to' eto mucháchose chiquítose, yo una mujey bruta, na' ma' sé de cocina, lavao y planchao; y mi viejo que no me dejaba hacey ná' en la casa, me tenía una siivienta, de día y de noche; yo era una reina pa' ey.

- Yo le pido a Dio, ¡vea!, que me ayude con eta caiga que no he pa' mí.

- No se preocupe tía, ya va vey, ¡vea!, que pronto va pasay esa pesadé y ese recueydo y uté se va a encontray a otro macho, y jata ma' guapo y bueno en tó' lo sentídose, que tío Fello, ¡Ja!, ¡Ja!, ¡Ja!.

- ¡Mira!....

- No te digo un dicho, ¡vea!, ¡coño!, poique Dio he grande, ¡coño!, y soy una mujey muy repetá´ aquí y allá.

- Yo soy una mujey que le pesa ey rueo de la faida.

- A mi marío nadie lo sutituye; ¡vea!, jata mi mueite, que epero que sea muy pronto, caigaré ete sentimiento, ete doloy, eta pena en lo má´ jondo de mi corazón; ¿poiqué tenía que sucedeime aigo así a mí?

- ¡Poiqué a mí, ay, ay, ay, Señoy!

- ¿Qué may habré yo jecho, ¡vea!, en ete mundo?

- ¡Ay, Señoy…!

Mientras Doña Silvana Damián Viuda Palacios lamenta y llora desconsoladamente la muerte de su amado esposo Don Fello -un ducho personaje de esos que les llaman "Caballeros"-, los presentes a la ceremonia tratan de calmarla, y les prometen ayudar en lo que más puedan.

La casa de Doña Petronila, madre de Doña Silvana, era una casa grande hecha en maderas de palma bien pulidas, con una sala grande, un comedor, tres aposentos, una galería; un patio de unas quince tareas de tierras, un secadero de granos -llamado en el cibao pisa-, donde, además, jugueteaban Shuma y sus primitos.

En los campos la cocina está separada de la casa, por eso del fogón de leñas, para que el humo no infeste los aposentos de la casa y dañe la ropa; la misma está dividida en dos habitaciones, una para el lugar del cocimiento de los alimentos y la otra es usada como despensa, donde se guardan la cosecha de los frutos, víveres y rubros en general, para el sustento por un año de toda la familia.

El baño o letrina se encuentra separado también, tanto de la casa como de la cocina, y es una casita que se construye por encima de un hoyo de profundidad asombrosa, unas treinta varas, quien se cae ahí no lo salva ni chepito.

Un año antes de que falleciera Don Fello Palacios, su segundo hijo, Rafael Palacios del Monte, a la edad de veinte y siete años murió, a causa de una terrible enfermedad provocada por la ingesta desordenada de alcohol, llamada Cirrosis Hepática.

Ramón Palacios del Monte, se había graduado dos años antes de la muerte de su padre, de doctor en ciencias jurídicas, en la UASD, había viajado a Venezuela y fue electo como diputado al Congreso Nacional dominicano; tenía una bonita esposa y dos hijas hermosísimas, la mayor la llamaron Vieris Aída, este último en honor a su abuela.

Don Fello era farmacéutico, un hombre de bien, un ser humano que le dolía el sufrimiento de los más pobres y vivía brindándoles su ayuda.

Nunca enfermaba, hasta que, de repente, un día después de cumplir los sesenta y cuatro años de edad, ya que Doña Silvana era quince años menor-, enfermó de una infección molar, que trastornó por varios días, hasta que a los muchos ruegos de su esposa y vecinos se decidió a visitar una de las mejores clínicas del pueblo de la Ciudad de La Vega.

Lunes trece de septiembre, cinco de la mañana, es internado de emergencias, al sufrir un desmayo producto de una crisis de vómitos que la noche antes adolecía; cuatro sueros de diferentes colores les fueron colocados en cada mano y en cada pie -dos pintas de color rojo, uno color amarillo y otro parecido al agua.

- Sócrate, aonde 'ta mamá y papá, que no lo aguaito a vey.

- No te preocupe que yo te voy a cuiday bien, mamá salió con papá pay doitoi.

- Yo quiero tay allá, llévame, ¡sí ombe!

- Deja que sea mamá que te lleve, deja que ella se venga de allá, ahorita.

Cuatro días después el jueves, a las cinco de la mañana del 17 de septiembre del año 1970, expiraba en su lecho de la clínica del Doctor Báez Soto, producto de un supuesto "derrame cerebral".

Cientos de personalidades se hicieron presentes en aquel histórico y triste acontecimiento pueblino, se largaba uno de los caballeros de la Ciudad Culta y Olímpica de la Ciudad de La Vega Real, Don Fello Palacios; Doña Silvana recibió un Telegrama del Excelentísimo Señor Presidente de la República de entonces, el Doctor Joaquín Balaguer, quien les daba el pésame a la Viuda por la pérdida irreparable de esta figura emblemática de la comunidad vegana.

El velatorio o rezos de cuerpo presente, como es de costumbre del pueblo dominicano, fue celebrado en su casa de la Calle 27 de febrero, descansando sus restos en el Cementerio Municipal de la Ciudad de La Vega.

Años de investigación científica por parte de una sobrina, hija mayor del distinguido médico vegano el Doctor Joaquín Palacios, la psiquiatra Doctora Pía Palacios, diagnosticó que se trató de un paro cardíaco, producto del suero vitaminado.

A esta familia no se le podía suministrar este tipo de suero, ya que podían hacer una reacción negativa y entrar en "shock" como resultado del Complejo B intravenoso.

Doña Silvana inscribió a su hijo más pequeño en una escuelita particular, donde con apoyo de los padres de los niños y niñas, se les enseñaba a leer y a escribir a reglazos limpios, quien no era hábil en sus tareas lo asaban a golpes, en vez de una escuela de enseñanza, era un centro de torturas; no era una maestra la que impartía "docencia", sino una verduga a sueldo.

Cuando Shuma cumplió los siete años, mínimo de edad para ingresar en una escuela pública y donde no se reconocía el tiempo en el centro de torturas, era un tiempo perdido en la consecución de alcanzar grados escolares; fue inscrito en la Escuela Primaria e Intermedia de Carreras de Palmas -Pie del Santo Cerro.

Shuma libró grandes pleitos en su nueva escuela, de los cuales no se podía negar, ya que su hermano segundo Sócrates Palacios tenía instalada en el secadero del patio de la casa, una escuela de karate de Taekwondo y lo pateaba si algún amiguito le comentaba que barajó alguna riña; en una ocasión peleó en parejas con su amigo Quico -un estudiante feísimo y así como era su aspecto físico así también de malo; les decían "ey voicao", porque nació con la cara chata.

En el curso Shuma tuvo problemas con un estudiante, a su vez, Quito se metió en pleitos con un primo de Shuma llamado Máximo Palacios -este se hizo abogado en la milicia, ocupando rango superior; el contrincante de Shuma lo aventajaba en tamaño, fortaleza y edad.

- No te apure Shuma, cuando ey tipo te ataque, yo iré tra´ ey, le doy una patá y tu lo remacha.

Llegó la hora del recreo, todos los caminos conducían a La Piedra Abajo, que como su nombre lo indica, estaba compuesta por una gran sabana llena de piedras vistosas, usadas en la fabricación de bloques para la construcción, -la parte que atraviesa la Carretera Duarte, estaba habitada por personas del bajo mundo, mujerzuelas, hombres corruptos, por lo que era una deshonra caminar a pie por esta parte de La Piedra Arriba-, ésta situada en la parte trasera de la escuela; la pelea fue tal cual como se planeó en el curso.

- ¡Ven para acá maldito muchacho, cómo te atreves a golpear a un compañero más frágil que tú, sinvergüenza, mal compañero, mal amigo!

Dijo el profesor Jacobo, que con un candado al cuello, casi ahorcándolo, lo arrastró para quitarlo de encima de Shuma, que temblaba de miedo, lo que aprovechó éste para propinarle una trompada a la mandíbula y otros cuantos golpes por el costado derecho.

Con esto Shuma recibió aplausos de sus amiguitos, que desde ahora lo respetaban y lo admiraban. Cursaba el sexto grado de la primaria, cuando de regreso de la escuela a la casa, venían caminando y cherchando Shuma y su primo Jochi, a éste otro muchacho en el camino lo retó a pelear y se extrañó como gallina clueca y al Shuma relajarlo mientras caminaban, optó por retarlo a él -pero como su hermano segundo Sócrates Palacios era considerado el mejor karateca cinta negra, último down, de toda la región, era imposible barajar este pleito con su primo Jochi, así que aceptó y se fueron a los puñetazos. Shuma lo tenía con un candado al cuello, cuando Jochi aprovechó esa posición y le provocó una mordida que ni un burro comiendo maya. Le marcó su brazo derecho de por vida, como señal de que con un tal Jochi y menos primo se puede pelear.

Un día almorzaba Jochi en la terraza de la cocina de su casa, cuando Shuma se acercó a la empalizada cubierta por malezas, con un rifle de tirantes rojos y le propinó una pedrada en la cabeza, que le pesó haberlo mordido.

El santo patrón del campito de Carreras de Palmas es San José; celebraban las patronales en la Capilla del mencionado campito, sección provincial de la Ciudad de La Vega, en eso unos borrachos se encontraban bailando y cantando merengues en el patio frontal de la Capilla de la iglesia católica de San José, cuando:

- ¡Já, já, já, já, já......, compadre baile con Miguel!
- ¡Sí compadre, cómo no!

Los adultos presentes en ronda, les tiraban piedrecillas al ver que dos hombres bailaban, los payasos se confundieron e incomodaron y comenzaron a darle de trompadas y de patadas a todo el mundo, y:

- ¡No, no, yo no fuí, fueron lo jótrose!

Shuma corrió y buscó protección en la falda de su tía Amada, hermana de Doña Petronila:

- ¡Mire sinveiguensa, no ´tá uté aguaitando que se trata de un nene indefenso, váyase de ahí!

Ramona una prima de Shuma que se da de cuentas lo que ocurre dice:
- ¡Ay, coño! Pero si e´ a Shuma... !
- Se lo voy a dicí a Sócrate agora migmo pa´ que lo mate de una patá en ey guebo dey oído.
- ¡Sócrate, Sócrate, corre que a Shuma uno bugarrónese lo etán matando a goipe, en ey pátiose de la Capilla!

Sócrates que estaba con una comisión de la escuela de karate organizando una actividad deportiva para un Club de la Ciudad de La Vega, dejó a Ramona con la palabra entrecortada y corrió para la Capilla, más atrás les siguieron sus compañeros de karate; allí hicieron exibición gratuita con los músicos, repartiendo un bufete de patadas y de trompadas a diestras y siniestras.

- Sócrate, mi jijo querío, no aceito que saiga de tu casa eta noche, pué radio bemba rumora que eso típose van a vení a bucaite bojío poy bojío, pa´ meteite un cuchillo en ey culo, así que alo poy mí, tu madre que te pujó con sangre a ete mundo, y no saiga.

- Mamá voy a jacey lo uté me oidena, me vuá a queday acotao en mi cama.

Transcurrió paso a paso el tiempo y Doña Silvana Damián Viuda Palacios alquiló su casa por la suma de veinte y cinco pesos oro, los cuales eran más que suficientes para la mensualidad, de los cuales se sustentaban sus dos hijos más pequeños, Sócrates y Shuma, ya que Silvestre vivía en Santo Domingo, en Haina donde su tío Bolívar, el ejemplo familiar más gordo de Doña Silvana, en donde la esposa de éste -Cristiana, que de este sólo poseía el nombre-, lo trató bajo innumerables e incontables humillaciones que le hicieron olvidar el juramento, la promesa que años antes había hecho compromisos con su madre y sus hermanos más pequeños, quienes se quedaron atrapados en aquel campito llamado Carreras de Palmas.

Fueron tantos los sinsabores que pasó este muchacho estudiante de la UASD, que se convirtió en un misántropo, apático, irracional, indelicado, irresponsable, pero exigente en cuanto a su formación intelectual, graduándose de licenciado en historia y antropología; luego de licenciado en ciencias jurídicas; realizó maestría en epistemología -que es el estudio de la ciencia de la ciencia-, con grado académico de magna cun laude; fue catedrático de las principales universidades del país.

Se mudó a una pensión y allí se enamoró de la hija de la dueña, de esa unión nació una niña Lenny Luxemburgo Palacios.

Allá en el campito de Carreras de Palmas, unos siete kilómetros alejado de la Ciudad de La vega, y a unos veintisiete de la Ciudad de Moca, se encontraba Doña Silvana Damián Viuda de Palacios con sus dos hijos huérfanos; Don Mingo Tolentino, casado con una hermana de Doña Silvana -Toñita-, una vez murió trágicamente Don Shuma Damián, junto a Don Fello se encargaron del sustento de Doña Petronila Aguasvivas; al fallecer Don Fello, Don Mingo se quedaba solo, ahora con un doble compromiso, el de Doña Petronila Aguasvivas Viuda de Damián y el de Doña Silvana Damián Viuda de Palacios, hermana de su esposa Toñita y les suministraba semanalmente los víveres de consumo, además de Don Chucho, Mon, Nando, Luchi, Bolívar, todos hermanos de Doña Silvana, también aportaban al sustento de esta larga familia; Quillo sólo aportaba sus visitas acostumbradas y eran la circunstacia de sus parrandas y borracheras de cabaret en cabaret.

En fin, fueron nueve años que Doña Silvana y sus dos hijos Sócrates y Shuma soportaron, hasta que Sócrates, una vez terminó el bachillerato en el pueblo, se decidió a arriesgarse y viajar a casa de su hermano Silvestre -quien ocupado con la hija de la dueña de la casa a quien se la llevó a vivir con él para el aparta-estudio y a quien embarazó y dio a luz a su primera hija-, había olvidado la promesa.

Al llegar a casa del condenado éste se negó a recibirlo, con la excusa de que no había espacio para Sócrates; a la mucha insistencia y la intervención de su tío Bolívar -hermano menor de Doña Silvana-, logró abrirle un espacio en una de las esquinas del frío piso del aparta-estudio, mientras ellos -Silvestre y su esposa- dormían abiertamente en su cama, al darse de cuentas de que Sócrates había encontrado un trabajo como fotógrafo.

No se cumplieron tres meses cuando su hermano mayor Silvestre lo sacaba de su casa, por falta de espacio.

- Sócrates aprovecha este trabajito y múdate a una habitación, porque aquí tú y yo estamos incómodos, yo necesito soledad para poder concentrarme en mis estudios de Historia y Antropología, de Marxismo-Leninismo, ya sabes que soy un comunista y hago un tremendo esfuerzo, al igual que todos mis compañeros de sacar por las buenas o por las malas al imperialismo yanqui y al asesino protagonista de las muertes de la estudiante Sagrario Díaz, el periodista Orlando Martínez, y muchos más que han sembrado su sangre y su honor en pos de la libertad del pueblo dominicano.

Sócrates encontró otro empleo, como vendedor de libros en una compañía que se llamaba Edipeca; ganó premios como el vendedor del año.

Así logró ganarse la confianza de la familia de la novia que dejó en el campito de Pueblo Viejo, donde fue construida la primera Ciudad, y se le ha quedado el nombre de Pueblo Viejo, hundida por un terrible terremoto y luego trasladada al lugar que hoy está situada su Capital, La Concepción de La Vega Real, fundada en el año 1495, por Fray Bartolomé Colón y sede muy importante episcopal; dicen que las aceras de La Vega Vieja eran de monedas de oro macizo-, y estos creyeron prudente celebrar bodas, para los novios que llevaban siete años de amorío.

- Bueno Sócrate ha llegao ey momento pa´ que te case con mi jija Belinda.

- Utédese como son sólose puen bucaise una jabitación en la Capitay y viví como le den la gánase.

- Belinda pue´ solicitay un tralado de su trabajo pa´ ´llá.

Provincia de La Vega, del centro de la República Dominicana; 3,442 km cuadrados, más de quinientos mil habitantes; Capital La Concepción de la Vega; comprende el sector central del valle del Cibao o Vega Real, accidentada por la Cordillera Central y avenada por los ríos Camú, Yaque del Norte, Licey y Yuna; es una importante región agrícola -caña de azúcar, cereales, plátanos, cacao, tabaco, café y frutos tropicales-; ganado de cerda y vacuno; industria agropecuaria.

Se casaron y se mudaron juntos en Ciudad Nueva, en la Capital; un año más tarde, nueve de la noche, del día sábado 29 de septiembre del año 1979, a un mes de azotar el devastador ciclón David, Sócrates y su esposa Belinda de Palacios, hacían cumplir la promesa que Silvestre olvidó; a la Calle Juan Pablo Duarte, del Barrio 30 de Mayo, de Santo Domingo, llevaron los esposos a Doña Silvana y a Shuma, quien contaba con trece años de edad, y había terminado la intermedia, en la Escuela Primaria e Intermedia de Carreras de Palmas, en el Pie del Santo Cerro, de la Ciudad de La Vega.

Se hicieron los arreglos de lugar para recibirlos, Belinda y Sócrates recibieron a Doña Silvana y a Shuma con mucho entusiasmo y alegría, pues el trabajo y el tedio que Belinda estaba pasando se reducirían a su máxima expresión.

- ¡Hola Doña Siivana y Shuma!

Saludó Belinda al verlos llegar, cansados del largo viaje.

- ¿Y cómo ´tán, tienen jambre, llegaron bien?

- No te preocupe Belinda, que nojótrose ´tamo bien, gracia a la misericoidia de Dio.

Al otro día pronto se escuchó una voz acelerada y nerviosa. Era la lleva vidas de la dueña de la casa, que compartía la misma con sus inquilinos, pués era una de estas casas largas con dos frentes: la parte de atrás de ella correspondía al frente de Belinda y Sócrates, situada en la Calle Juan Pablo Duarte, del Barrio Juan Pablo Duarte, Santo Domingo, Distrito Nacional, mientras que en su frente estaba la Calle El Sol del referido barrio.

- ¿Y qué Belinda?

-¿Dizque ya llegaron tus familiares queridos, eh?

- Yo estoy segura que se llevarán muy bien ustedes.

- Doñita, ¿y cuál es su nombre?

- Yo me llamo Siivana y mi níñose se llama Shuma, pa´ seivile.

- ¡Niño! ¡Ja! ¡Ja! ¡Ja!

- Un manganson.

- A este se le nota que está más verde que un plátano.

De inmediato les fueron asignadas las funciones de cada uno, para ganarse el sostén, en su nuevo hábitat; a Shuma le encomendaron la tarea de buscar agua de donde apareciera, -puesto que eran los tiempos de cuando había arrasado con la Ciudad, el ciclón David y no había suministros de agua potable, por parte de la Corporación del Acueducto y Alcantarillado de Santo Domingo, mejor conocida por sus siglas de CAASD-, limpiar interdiariamente como cien galones, cepillar todos los sábados la pared de enfrente de la casa, cuyo color era como de hueso y en la parte interior; hacer los mandados, niñero, etc..

A su vez, la tarea de su madre era la de los quehaceres domésticos, a Shuma le preocupaba tanto que no permitía que su madre limpiara el piso ni lavara su ropa, él aseaba su ropa y la de su madre Doña Silvana, ya que cuando ella realizaba esta tarea le daba fiebre.

Como se nota el léxico de Shuma era pobre, torpe, falto de diversidad de palabras, inculto; pero tenía su propia meta: llegar, no sabía cómo hacerlo, pero abrigaba las esperanzas de algún día llegar, al fin de la jornada sabía que le esperaba algo grandioso.

Shuma a la edad de catorce años hizo amistad con su vecino más cercano, José del Valle, oriundo de Hondo Valle, Distrito Municipal de la Provincia de San Juan de la Maguana, Sargento de la Policía Nacional.

También se amistó con sus vecinos de enfrente, Doña Cuca, una mujer chismosísima; su esposo Celedonio Moronta, era Sangento Mayor de la Marina de Guerra, bebía más ron que leche y ¡mujeriego! Pero muy buen amigo; su hija de mayor edad, Cintia Moronta y Shuma se enchularon, pero a éste la timidez lo embriagaba, perdiendo la oportunidad de su vida: comerse el caramelo de Cintia, que se lo brindaba a cada ratos, pero el maldito muchacho no entendía sus pretensiones amorosas, o su constreñimiento mental y la ñoñería con que Doña Silvana crió a este mozalbete no les permitían expresar verbalmente sus sentimientos de amor.

Luego se anunciaba la fecha de las inscripciones en el Liceo Nocturno General Antonio Duvergé, en el Sector de Honduras, momento que entusiasmó en extremo absoluto a Shuma.

Invitó a su único amigo José del Valle a que lo acompañara y se inscribieran juntos en el referido liceo nocturno, su amigo se negó aduciendo de que era muy viejo para estar estudiante junto a niños -José del Valle contaba con veintisiete años de edad, mientras que Shuma Palacios con catorce-, le preocupaba en gran manera lo que los demás habrían de decir de él, respecto a la diferencia tan elevada de edad.

Mientras tanto, José fue obligado a renunciar del rango que ocupaba en la Institución del orden público, debido a riñas y chismes entre compañeros, cayendo preso en la Cárcel de la Victoria por el período de treinta días, supuestamente era inocente de lo que trataban de imputarle, pero lo ficharon por robo, lo otorgaron una libertad condicional, debiendo informar a las autoridades si debía salir de la Ciudad y notificar las causas y el sitio al cual debía visitar.

A muchos ruegos Shuma Palacios logró convencer que José se inscribiera junto a él, a terminar el Bachillerato en Ciencias Físicas y Matemáticas, el cual lograron para el año de 1983.

José fue tan popular y se desarrolló tanto que sus compañeros de estudio le pusieron el mote de José Baldor, luego Shuma supo que se graduó de licenciado en física y matemáticas, en la Universidad O&M y consiguió una cátedra en la misma.

Shuma Palacios Damián, desde los trece años y medio comenzó a escribir los versos que siguen:

AMOR CULTO

El amor es lo más divino
Que ha creado Dios en la
Naturaleza, lo más dulce,
Gracioso y admirable de
La tierra.

Dios como el ser más
Culminante de los hombres,
Obtuvo materia blanca
Para crear al amor.

Creó Dios lo bello,
Lo maravilloso, lo atractivo
Y lo más noble que haya
Podido acoger mi alma.

Amo a lo culto, lo divino,
Lo sublime y lo gracioso,
Sin amor no hay vida
Sin vida no hay amor,
Hay que vivir con amor culto
Nacido de nuestro corazón.

Debe ser amor que agrade
Nuestros sentidos,
Sentidos que brinden amor
Y amor brindado a lo culto.

Este poema lo dedicaba a su vecinita de en frente, la bella y coqueta Cintia Moronta, que cada momento en que tenía la oportunidad le profería besitos no verbales con sus delicadísimas manos a Shuma Palacios, y éste en cambio sólo alzaba su mano derecha y la zarandeaba como réplica del presumido beso que escondía en su pecho, pero su pusilanimidad gobernaba.

Se acercaba el día más grande del pueblo dominicano, la celebración del Día de Las Madres y Shuma como no trabajaba bajo salario no tenía ni un solo chele, así que usó el único recurso que en esos momentos asomaba al paraíso de su mente convulsa, la musa aposentó en su mente y logró resumir la prole, que como metástasis síquica mal sufría su interior.

MI MADRE

Como mi madre no ha nacido
Nadie en este mundo, es lo
Más bello, dulce, bondadoso,
Cariñoso que tengo en el mundo.

Le doy gracias a mi madre
Por haberme criado y dado
El poco de educación que obtuvo,
Te doy gracias madre mía.

Iba a pagarle a mi madre

Un gran dinero por mi crianza,
Educación y trato,
Pero en la noche soñé
Que Cristo me decía:
"En la tierra ni en el mundo,
No hay nada con qué pagarle
A una madre, que ha sacrificado
Toda su vida por un hijo.

Le deseo muchas felicidades,
Madre mía en su día.

Cintia enseñóle el poema que Shuma le escribiera a una de sus amiguitas, ésta una belleza que el mismo Dios con su mano moldeó.

A Shuma se le corrió cualquier sentimiento existente para su vecinita de en frente al con sus ojos minuciosos, tocar cada espacio correspondiente al cuerpo de esta beldad inigualable, y le dedicó un enjambre de las musas que se agolparon para, enhorabuena aplaudir la llegada de esta sensación.

LA MUJER DE LAS ROSAS DE AMOR

Dichoso aquel hombre
Que al pasar por tu jardín de rosas
No lleve una consigo.

Y esta rosa sembrarla
En su jardín y cosechar muchas,
Pero muchas rosas como tú.

Estas rosas serán
La luz de su vida,
El consuelo del alma
Y el suspirar del corazón.

Joven, quisiera ser la rosa
Que usted ha sembrado
En su jardín,
Para así decirle tantas cosas,

Que vendrán de algún confín.

Shuma había liberado su mente y todos sus sentimientos los expresaba a través de un lápiz y un papel, para la historia, como él comúnmente decía. Así que José Baldor -como se ganó el sobrenombre-, también fue gratificado con uno de los versos.

AMIGO SINCERO

Siempre creí que no
Había amigo sincero;
Cuando le daba a alguien
Mi amistad,
Ese era el primero en
Salirse con la suya.

Amigo sincero es aquel
Que al expresar sus palabras
No disfraza sus sentimientos,
Ese es el verdadero amigo,
Amigo como tú.

Ya he conseguido
Mi primer amigo, pero,
Tú eres mi amigo,
Amigo de verdad.
No dejaré que nadie,
Perturbe nuestra amistad,
Amistad que perdurará
Para toda la vida.

Pero tú tampoco amigo mío,
Nunca permitas que alguien
Robe nuestra amistad sincera,
Ya que ésta no se consigue
Con el valor del dinero.

Los amigos sinceros

Son como el dinero,
Que sin ser utilizados
Ya se sabe cuánto vale.

Un amigo es quien no habla
Por la espalda de su otro amigo.
Un amigo sincero es aquel
Que cuando éste está enfermo
Le compra un calmante para
Que se le quite el dolor.

Un amigo sincero es aquel
Que al partir un entero,
Le reparte a su otro amigo
La misma parte
Que le tocó a él.

Quiero que nuestra amistad
Perdure para toda la vida,
Y tengo el alma como un acero,
Ya que esta es mi amistad
Más querida,
Y te seguiré dondequiera que tú
Quieras ir,
Con tal de conservar
Nuestra amistad,
Amigo sincero.

Estuvo de visita en un campo del Sur profundo y allí escribió lo que sus ojos podían ver, lo que sensacionalmente oían sus oídos y su piel captaba como radar natural.
SILENCIO

Era una noche de luna,
Estaba rosada y llena,
Sólo se oían el murmullo
De los grillos.

Ahí me encontraba
En esa noche serena
En el fondo de
Una montaña gris,
Muy lejos de aquí.

Yo estaba en medio
De un fértil valle
Que purificaba el aire
Con el aroma de sus plantas.

Qué silencio más dulce y tierno.
Estando allí se apareció
Un huérfano ruiseñor,
Como una piedra inmóvil,
Esperando el adiós de la noche.

Era un muchacho muy aplicado y no dejaba nada para el después, uno de esos domingos que mientras otros jóvenes como Shuma disfrutaban y se gozaban en discotecas y colmadones, éste se encontraba realizando sus tareas de la semana -era uno de los mejores estudiantes del Liceo Nocturno General Antonio Duvergé, en el Ensanche Honduras, de la Ciudad Capital Santo Domingo.

Le vino encima, inesperadamente, la noche y fue envuelto con un ambiente completamente frío y la melancolía de antaño asomó sus sentidos.

NOCHE FRIA

La noche está fría,
Pero fría de verdad,
Se me aduermen las manos,
Sc mc aducrmen los pies,
Me siento lelo,
Pero lelo de verdad.

Se siente el frío
En la ciudad y en el campo,
Se siente en todas partes,

Mi piel se seca a la vez
Que suda de frío.

Era una noche de invierno,
Un diciembre próximo
A las navidades; llovía,
Llovía y llovía,
Pero de frío.

Recuerdo cómo gentes
Lloraban del frío;
No quiero ver más
Una noche de frío,
Como esta noche.

Expresiones exorbitantes como estas a menudo se dejaban estrellar en la mascota que era compañera fiel, y por doquier la llevaba consigo como helecho a pared antigua.

SEMANA SANTA

En tiempos pasados esta semana
Era la Semana Mayor,
Se guardaba de una forma santa,
Se rezaba mucho mejor.

En estos tiempos ya no se guarda,
Las personas la utilizan
Para vacacionar en las playas,
Bailar en los clubes...

Se está olvidando la muerte
De Nuestro Padre Eterno,
Que murió en la cruz
Por nosotros,
Para salvar a los hombres...

Es la semana en que hay más muertes,

Una semana de tristeza,
Tristeza que abarca a muchos hogares,
No respetan la ley de Dios.

EL NORTE

Allí está la tierra más fértil,
Donde se produce todo fruto,
Donde está la economía del país.

Allí están los ríos más frescos,
Crecen a su orilla grandes
Matorrales, que aumentan su curso.
Hay abundantes peces ricos.

Se cosechan muchas flores,
Se cosechan muchas chicas
Caracterizadas como las más
Lindas y hermosas del país.

Sus playas son el deleitar
De montañas, ríos, de las aves,
Como la gaviota y el colibrí.

Llueve todos los días,
En esas grandes montañas
Sembradas de pinos,
Pinos que reverdecen el follaje.

LA MORAL

La moral es lo más pulcro
Que tiene la vida humana;
Hay que tener moral
En el trabajo, la escuela,
En su casa, en una reunión,

En todas partes.

La moral es lo más divino
Que Dios haya creado.
La mayor parte de la moral
Se consigue en su casa natal,
Y la otra parte en la escuela.

Los padres tienen
Que afanarse mucho,
Para que sus hijos
Obtengan una buena moral.

Tienen que sacrificar toda su vida
Luchando con sus hijos.
Dependiendo de la educación
Se crea la correcta moral.

EL BESO

Es la unión de labios
De dos personas enamoradas,
Que olvidando los agravios
Se sienten ser amadas.

El beso proviene del romanticismo,
De dos corazones amarrados
Que sin ningún racismo,
Sienten su corazón latir en sus costados.

En ese momento se olvida la maldad,
Se siente armonía espiritual,
Atrayendo todo tipo de piedad,
Aunque no sea un amor actual.

CARTA A UN AMOR SINCERO

Quiero decirte tantas cosas
Pero no estás a mi lado,
Estás tan lejos de aquí,
Qué triste pasaré estos días sin tí.

No sé cómo lo pasaré si tú no estás,
Todo lo que sueño, todo lo que miro,
Todo lo que hablo, es pensando en tí,
En que algún día te volveré a ver.

Quiero verte para besarte y acariciar
Tu suave piel con ternura,
Y decirte que mi felicidad es tu presencia,
Pero tú no lo crees.

Te diré amor mío que pienses bien
Lo que haces, porque si muero
Moriré de amor y tendrás la culpa,
La culpa de todo esto.

Dicen que las mujeres no saben
Apreciar a los hombres,
Cuando éstos en verdad
Sienten amor sincero por ellas.

Te escribo esta carta
Para saber cómo te sientes,
Cómo pasarás estos días
Sin un amor a tu lado,
Que te diga, te quiero.

EL RECUERDO

Cuando duermo
Mis sueños son contigo,
En esos sueños recuerdo

Todo nuestro pasado,
Qué lindo pasado.

Recuerdo cuando me besabas
Y me brindabas tus caricias,
Recuerdo tu cutis tan suave,
Tan hermoso, tan dulce y cariñoso.

Recuerdo cuando fuimos
A la montaña y vimos
A las aves trinar,
Hacer sus nidos y
Criar sus huevos.

Ahora me doy cuenta
Que todo se quedó en
El pasado,
Que ahora recuerdo.

NOCHE DE AMOR

Con este beso que te doy
Miro la noche cautelosa
Que a la vez nos ama;
Qué noche de amor,
Amor que nunca olvidaré.

Tus ojos al mirarme
Brillan en la oscuridad
De la noche,
Mírame y bésame con pasión,
Porque te amo.

Ámame y bésame mucho,
Lo más que puedas,
Como si esta fuera
La última noche

De nuestro amor.

MI PADRE

Mi padre era un hombre de campo,
De un campo muy bonito,
En donde crecen
La adelfa y el alelí.

Era un hombre de trabajo,
Hombre serio, honrado,
Reconocido por el mundo,
Por el mundo de hoy.

Me dejó cuando apenas
Tenía cinco años;
¡Qué triste he pasado el resto de mi vida!
Sin padre.

Cuando llega septiembre
Mes en que murió mi padre,
Me siento muy desolado y triste
Al no sentir su calor,
Calor de padre,
Pero de buen padre.

Era un hombre
Que se preocupaba
Por mi madre y sus hijos,
Se daba a querer de toda persona
Con quien tenía contacto.

Padre, te doy gracias
Por darme el tamaño que poseo,
Deseo que Dios ordene
A los ángeles,
Que te ayuden a descansar

En paz.

EL MAR

Todas las mañanas
Visito el mar y le pregunto,
¿Cómo estás?
Y el me responde:
-El mar está mal.

Miro los barcos
Cuando salen del puerto
Y se pierden en el horizonte,
Miro las olas ondear
Que desde mis playas
Salen y van a parar
En otros puertos muy lejanos.

El mar llena de encantos
A quien lo visita,
Con sus aguas cristalinas,
Dándole el color azul al cielo,
Y relumbrando los atardeceres,
Y el amanecer del mundo.

No había fuente de inspiración más profunda que el amor a su padre Don Fello -ya fallecido-, y a su madre Doña Silvana, eran constantes sus lágrimas al no tenerlos cerca; el primero se lo llevó Dios por bueno, sólo los buenos y útiles hombres se mueren de primero -el Señor no quiere que se vayan a corromper en esta tierra de tantas tentaciones; la segunda se encontraba pasándose unos días en la Ciudad de La Vega.

MI PRIMER VERSO CON RIMA
DEDICADO A MI MADRE.

Como hijo de una mujer

Quiero decirle a mi padre
Que algún día sé querer,
Porque quiero a mi madre.

Mi madre es algo tan cariñoso
Porque sabe querer la vida,
Es lo más sublime y portentoso,
Y no sabe lo que es querida.

La siento muy dentro de mí.
Ya que está tan lejos,
Como a cien kilómetros de aquí
Y no te puedo ver con mis ojos.

Quiero verte en la casa mía
Y conmigo verte sonreír,
Estar juntos algún día,
Y nunca verte morir.

A pesar de vivir en compañía de su hermano, albergaba sentimientos de soledad y abandono.

AMAR

Para mí, el amor es lo más bello
Que existe sobre mi cuerpo,
El amor es algo sublime,
Porque Dios dijo:
- "Amarnos los unos a los otros".

Amar, es como contemplar
Un amanecer en Puerto Plata,
En donde el sol
Con sus rayos ultravioletas
Llena de encantos al observador,
Con sus colores relucientes.

Amar es tan bello, como
Los siete colores del arco iris,
Que junto a la lluvia,
Unidos con los rayos del sol,
Forman un espectro
Que quien lo mira,
Se queda pasmado de gusto,
En el espacio
Donde se encuentre.

ESPERANZA

Tengo esperanzas de que tú seas mía,
De acariciarte en mis brazos
Y de que algún día,
Nosotros unamos nuestros lazos.

Te conocí hace poco,
Te sentí en mi corazón,
Mi alma está llena de gozo,
Por latir en mi corazón.

Te hablé de mi sentir,
Te hablé de mi amor por tí,
Te hablé lo que sentí
Al no oír mi palabra repetir.

Tú sabes lo romántico que soy,
Quiero tener esperanzas hoy
Para cuando te vea luego,
Saber que
Besarte puedo.

A SOLAS

A solas quiero decirte tantas cosas,

Y no tengo valor.

Tengo los pies lastimados de caminar
Pensando
 lo que te diré a solas.

Quiero besar esa boca color a miel,
Que contiene el néctar de las flores.

Quiero mirar por tus ojos color estrella,
Que relumbra en mi camino.

A solas me contarás tu vida,
Y yo te contaré la mía.

Para que así en el mañana,
No lamentemos nuestro pasado,

Que es ahora el presente,
Y estamos compartiendo a solas.

La señora Belinda esposa de Sócrates Palacios Damián quedó embarazada, contaba con a penas veinte y dos años de edad, los malestares del embarazo los hizo con Shuma, todo lo que el muchacho realizaba, sus movimientos, sus gestos, sus palabras incomodaba a la señora.

- Y ese maidito moño que tú tiene, yo agora migmo lo voy a coitay, con una tijérase que traje dey cámpose ayey.

- ¡No, poy favoy!

- Cuando yo vueiva ay campo le prometo a to´ utede que me voy a pelay a caco.

- No hace ni un año que yo me pelé, y como tengo lo cabélloce malo, ¿pa´ qué me peino?

- ¡Oye a ese azaroso, como jabla!

- Mientra tu viva bajo mi techo tiene que jacey lo que yo te diga, poique la jefa en eta casa soy yo, aunque vivamo do´ jémbrase.

- ¡Okey!

Responde enfurecida la señora Belinda.

- Aquí toy mundo tiene su empeño y su función: mi eposo Sócrate se la buca en su venta, y se encaiga de bucay ey diario y de pagay la casa, la lu y ey teléfano; yo que soy su eposa, soy la jefa de eta casa, encaigá de parí lo mucháchose que ay ripio de mi eposo le dé la gana de jacey y tiray, lo cuaito que yo gano son lo dey ahorro familiay; uté doña Siivana ej la encaigá de trapiay ey písose, lo lavao en la lavadora, la cocina, ey fregao, limpiay lo báñose, barrey.

- Ey ratrero y sucio de Shuma ej ey encaigao de llenay lo galónese de agua, ey tanque de agua, tiene que bucaila a donde se encuentre de ella, poique cuando lleguémose mi marío y yo dey trabajo tenemo que encontray con qué quitaino la cota dey cueipo, cogía sudando to´ ey día, na´ má son cien galónese y cuatro tánquese de agua.

Una noche Shuma Palacios está recordando en sueños sus días, ya pasados en el campo, cuando en eso siente una voz que retumba sus oidos:
- ¡Shuma! ¡Shuma!,
- ¡Coño, coño, coño, no te mueva en la cama que no me deja ni doimi, coño!
- ¡Jesú Santísimo!, si e´ que yo no me he movío en mi cama, ¡vea!, y ademá uté tá´ en una jabitación muy léjose de la mía.
- ¡Ay, mamacita, mejoy jabría sio que no quedáramo en ey campo, o que un ráyose no paitiera en do, ante que tay en ete infieino, con eta mujey!
- ¡Deja a Shuma tranquilo, y no te meta con ey!

Le reprocha su esposo Sócrates.
- ¡Poy Dió déjenno vivii en pa´!

Suplica Doña Silvana Damián Viuda de Palacios, quien sufría amargamente lo que acontecía en casa de su hijo y de su suegra Belinda de Palacios, quien al parecer era quien mandaba en la casa. Si se escribe todo lo que ha sufrido Doña Silvana Damián Viuda de Palacios y su hijo Shuma, no cabrían los libros sobre la tierra.

Cuando Shuma cumplió sus quince años, su hermano mayor Silvestre Palacios, en esos años estudiante de historia, antropología y estadística en la Universidad Autónoma de Santo Domingo -UASD, respondía al puesto de Jefe del Personal en la Dirección General de Rentas Internas; su hermano mayor, a la celebración de sus quince años se presentó con unos amigos y el compadre a casa de Sócrates, Shuma era muy tímido, encogido, taciturno, no devengaba ningún salario para hacerse de sus atuendos personales.

Shuma agradece el gesto de su hermano mayor de suministrarle la colección de chacabanas que ya (requete) usadas, desde años; luego le rogó por un empleo en la administración del gobierno -de uno de los mejores Presidentes que jamás ha subido a la silla de oro, el Señor Silvestre Antonio Guzmán Fernández, oriundo de una prestigiosa familia de ganaderos de la Ciudad de Santiago de los Caballeros, la ciudad corazón-, negándose a rotundamente a su pedido, con la supuesta excusa de que lo haría cuando terminara el bachillerato.

- Pué cuando yo le pídase aiguna camísase, pantalónese o zapátose utédese tién que dáimela sin pedísila.

Al cumplir los dieciséis años le diligenciaron su cédula de identificación y personal, su tío Bolívar Damián Aguasvivas, hermano menor de Doña Silvana; le suplicó a Silvestre para que el empleo que le estaba ofertando a él, favoreciera mejor a su hermano Shuma que sí lo necesitaba en verdad y no él que tenía como diez botellas en el gobierno, y el veintiuno de enero del año 1980 fue hecho realidad el empleo que tanto Shuma como Doña Silvana ansiaban. Con su primer sueldo compró una cama de hierro, que le costó -con todo y colchón- ciento diez pesos, le sobraron de su sueldo de ciento treinta y ocho pesos, unos veintiocho pesos.

Hasta que un año y medio más tarde, el día 25 de febrero del año 1980, luego de conseguir un trabajo en Rentas Internas, vía su hermano mayor Silvestre, quien fungía como Jefe del Personal, de la mencionada oficina del Estado dominicano, y quien gozaba de gran aprecio por el Director General, por su dedicación e inteligencia, éste se lo llevaba a vivir con él, en el sector capitalino de Mata Hambre, en su casa estudio de la Calle Primera.

El señor Silvestre Palacios Damián era considerado en la UASD como uno de los mejores estudiantes de esa prestigiosa academia o casa de estudio del Gobierno dominicano; su índice académico sobrepasaba los noventa puntos -Magna Cun Laude-, llevaba tres responsabilidades universitarias, o sea, estudiaba tres carreras al mismo tiempo: licenciatura en historia, antropología y en estadísticas. Excelente estudiante, pero mal padre, mal hermano, mal amigo. Llamó a Shuma a capítulo, una semana después, y le dijo:

- Mira Shuma, yo sé que no es fácil para tí adaptarte a mis condiciones, pero quien manda aquí soy yo; te voy a dar otra semana de pruebas y si no te ajusta a mis normas, al pie de la letra, tendrás que regresarte al campo de Carreras de Palmas; tienes que llevarte de lo yo te diga, aunque tú no estés de acuerdo.

- En mi casa mando yo; quien debe ajustarse a las normas eres tú, no yo a las tuyas; yo no sé para qué papá y mamá te tuvieron, eres y serás un estorbo para la familia, un nadie, una basura... ... ...

Pasaron tres años y éste llamado a ser el protector de la familia, padre o tutor, le ordenaba categóricamente a Shuma Palacios Damián a no cambiar el cheque que recibía en Rentas Internas, como pago del salario por su trabajo prestado mensualmente en la institución pública, ya que era muy joven y no sabía administrar dineros.

Al pobre Shuma nunca, en esos tres años que pasó bajo el mando y la tutela de su hermano mayor, le sobró un centavo, para comprarse ropas o divertirse, ya que Silvestre Palacios le cobraba hasta el agua de la cisterna del Súper Mercado Orégano, -que todas las noches cuando regresaba del Liceo Nocturno General Antonio Duvergé, en el Ensanche Honduras, debía cargar a hombros, utilizada para bañarse. Shuma acorralado, escribió:

¿HERMANO, NO QUIERES TU HERMANO?

¿Hermano no quieres tu hermano,
Tu hermanito más pequeño?
¿No quieres saber de tu sangre?
Sangre que corre por tus venas.

No te gustan sus buenos modales,
Nunca le das la razón,
Nunca compartes un momento alegre,
Nunca lo has acariciado.

Pero estoy seguro
Que él sí te quiere,
Te ayuda en los momentos difíciles,
No quiere verte triste,
Quiere ayudarte a ser alegre.

Aprende a dar órdenes y a recibirlas,
Es bueno dar órdenes y no recibirlas,
Esclavizas a tu hermano;
Hermano no seas un tirano,
No desprecies a tu hermano,
¿En verdad, no quieres tu hermano?

Shuma Palacios ahogaba sus penas en la escritura, todo lo escribía y con esto lograba auto consolación. Como él mismo decía:

- "Eto lo jago pa´ no voiveime como un loco".

Shuma comenzó a leer el diccionario de la lengua española, con la finalidad de aumentar su repertorio de palabras, pronunciarlas y escribirlas correctamente, ya que se le estaba desarrollando la dote de poeta, y le preocupaba expresarle palabras de amor a las chicas; así que leía cuantos libros para mejorar el dialecto y escritura encontraba a su paso, se llenó de cuantiosos instrumentos didácticos y pronto ya contaba con un pequeño librero. Siguió con su intento de poeta, amargado en su pena escribía:

IDEA DE LO QUE ES LA VIDA PARA MI

Para mí la vida
Es un centro permanente
Que pasa todo hombre
De clase empobrecida en la sociedad.

La vida para mí
Es vivir en un mundo afanando,
Pasando trabajos y malos tratos,
Con personas que uno vive.

Para mí la vida
Es buscar amigos y no encontrarlos,
Es tener un hermano
Y en sí no tenerlo.

La vida para mí
Es dormir en una silla
Por no caber mi cama
Ni siquiera en la sala,
Ya que están en el único aposento,
Mi hermano y su novia.

Para mí la vida
Es tener a su querida madre
Muy lejos de sus sentimientos,
Besándole la mano
Todos los meses del año.

La vida para mí
Es vivir en casa ajena
En donde no lo quieren ver,
Donde no lo dejan en paz.

Para mí la vida,
Es estudiar, trabajar y no descansar.
Ir a ver mi madre querida
Los fines de mes.

La vida para mí,
Es ser echado de la casa,
Es no ser tratado bien
Por su propio hermano,
Como una gente.

Para mí la vida,
Es no tener la felicidad
De un joven que lee y escribe
A todas las cosas bellas.

La vida para mí es como un oasis,
En medio de otra que no lo es,
Y conlleva a la intranquilidad.

Para mí la vida
Es como una flor
Que no la rosean,
Y llega a marchitarse.

La vida para mí,
Es no tener un hogar,

Donde hay amor y felicidad,
Donde sólo hay egoísmo.

Para mí la vida,
Es un mísero joven
Que no sabe a dónde ir
Y a quién buscar como padre.

¿POR QUE MI PADRE HA MUERTO?

Porqué mi padre ha muerto
Y me ha dejado en esta bóveda
De soledad;
Mis lágrimas corren por mi cara,
Mi sufrimiento es enorme.

Dios Santo
Por qué permitiste que yo naciera,
Por qué hiciste mi padre santo,
Arrancándomelo de mis manos,
Siendo simplemente yo un niño.

Padre, me dejaste muy niño,
Cuando contaba apenas con cinco años,
Nos dejaste en una soledad infinita.

Fue mejor que murieras
En esos tiempos pulcros,
Si estuvieras vivo
No soportaría a mi hermano
Y a esos malditos capitalistas.

Pero, sigo preguntando,
¿Por qué mi padre ha muerto?

PAPA...

Papá así le llamo a mi hermano,
Aquel que un día de mi pasado lejano
Llenó mi alma de melancolía.

Aquel que me juzga
Y no mira en mí lo bueno,
Aquel que no me busca,
Y no me quiere como lo quiero.

Ese que me vio nacer
En aquella casita de cristal,
Ese que me observó crecer
Y siempre me ha visto mal.

Maldito seas tú hermano,
Si así es que me has de querer,
Prefiero no besarte la mano.

A tu hermano le prohíbes
Que estudie normalmente,
Porque eres la clase de gente que recibes
Y nunca lo llevas presente.

- ¡Oye, escúchame bien, lo que te tengo que decir, hoy dormirás en la salita; ponte a estudiar y hasta que no termines tus tareas y la hayas repetido mentalmente diez veces y sientas que ya te la sabes no te acuestes; o si quieres quédate unas cuantas horas ahí en la acera, pues, como sabrás tengo que atenderle el asunto a mi novia que amanecerá fornicando conmigo esta noche.

- ¡Ah, ah! Si oyes algo, hazte como sordo, o que no es real lo que oyes.

- No te atrevas a preguntar nada ni a llamarme.

- ¿Okey? Okey.

- Pero allá afuera hace mucho frío y yo me siento con una guachipa en to´ ey cueipo.

- Tengo mieo de quedaime afuera yo solo.

- ¡Mira maldito muchacho, ya oíste lo que te dije!

- ¡Ni te atrevas a llevarme las contrarias, o de hoy no pasas en la Capital, te mando en bolas de humo para tu maldito campo!

Shuma sufría y lloraba amargamente, como en buen dominicano se dice: "Lloraba lágrimas de azufre y sangre". El pregón de la muerte cundía su sombra agitada. Shuma Palacios Damián escribió:

EL NIÑO MAS TRISTE

Caía la tarde y una manada de nubes iluminaba el infinito con su escarlata. El ocaso cual teatro, ubicaba una ladera de encantos, palmoteado por una hilera de flores en trance, zarandeando esencias como festín de parabién a la trémula noche. Comienza mi dolor vagabundo -argüía Jesús, el niño más triste-, quien enseñorea mi corazón desamparado, vacío, ávido de amor, comprensión y compañía.

En aquel momento, un carruaje de fuego descendió de los universos celestes con sonidos cascabelescos, presumiendo coplas eternas en una jarana de luces y relámpagos, moviéndose de un extremo a otro a centésimas de segundos.

El carruaje tirado por un caballo esbelto, blanquísimo, casi dorado, de ojos azules, cuyo bramido era una estela de estrellas encendidas de fuego cometa.

Estaba cubierto de oro más fino que de Ofir, cual no hubo jamás en tierra; adornado con diamantes rosados y azules, y bordes anónimos a este niño, quien alguna vez precariamente fue gratificado con pelotitas de goma o una pistolita de agua o de flechas.

A niños blancos como la gloria celeste les eran donadas estas réplicas de los dioses, eran criaturas angelicales, y como el cielo no es para personas de color, ni siquiera advirtieron la presencia de este triste niño.

Asomábase la noche cuando Carlos un niño de color preguntó:
- ¿Por qué te resulta tan extraño Jesús, ser como las demás personas?
- ¿Por qué no abandonas esos sueños tan altos como los abismos de los cielos?
- ¿Por qué no comes?
- ¡Hermano, ya estás débil de pensar y pensar!
- ¡Sé normal como uno de nosotros de tu edad!
- No me importa estar débil de pensar, cavilar y razonar en mi más amplia ambición, Carlos; sólo pretendo perfeccionarla y poder compartirla con otros niños como tú.
- ¡Que comprendan la esencia de mi proyecto en favor de los niños pobres y de color como yo; sólo deseo que comprendan y la acepten!

Un niño norteamericano que escuchaba la conversación, interrumpió:
- ¡Hola Jesús, soy Smith!

Este niño con cierta ternura comenzó a hablarle.

- Los días vienen de mal en peor; en este país habrá poco alimento, pocas oportunidades de trabajo y si no tienes un padrino, te cerrarán las puertas del éxito; todos tendrán que ajustarse a la demanda de la época, de lo contrario morirán.

- Si quieres pensar -continuó Smith-, hazlo, pero por tu dinero y categoría social, en el menor tiempo y trabajo posible; haz lo mismo que mi país, ¡imítalo!

- Cuando te regala algo te quita diez veces más y te domina, te hipnotiza y le sirves para siempre; somos los más poderosos, pensamos y trabajamos sólo por y para nuestro país.

- Esto de pensar por los demás es muy bonito, pero pensando en los pobres no vas a la tienda, a la bodega, al cine; no viajas y conoces horizontes nuevos, no compras casa, auto o te mereces a una bella, perfumada y exótica chica, pensando en el bienestar de los demás; ¡piensa en ti y los demás que resuelvan sus problemas como puedan!

- Sabes, no lo olvides, primero comes y luego piensas.

Jesús asintió humildemente; los días galerías donde la inocencia deambulaba como fugaces viajeros, donde el prodigio de la indiferencia jugaba como huella: modelo de estupidez.

Patrullaban conceptos como si fueran embustes y soserías, que en la muchedumbre de su dolor, altercaban con el infame que distrajo su espera.

Imperativo no pudo más, el rumor de la gran idea izó al aplauso y lo diplomó.

- Es inútil -caviló-, mi ambición gobierna, estoy parado, ya hubiera encontrado mi ideal; debo poner en práctica los primeros proyectos que lleguen; ¡hay tantos qué ayudar!

No hubo más demora, Jesús empezó de nuevo; hambriento, descalzo, gimoteando, tristón, ¡ató su llaga!

Presto examinó su meta: el insondable mundo del éxito, la gran idea; trabajando las nuevas que asomaban al paraíso de su mente, aprendió más y más en la destinada en proteger y favorecer a los niños que en el artificio de sus vidas, la gratitud escondiéronsela.

Las personas no se arriesgan, porque les temen a los fracasos de la vida; es arriesgado arriesgarse, pero más arriesgado es detenerse, quienes lo hacen ven cómo los demás se les van delante, mientras ellos se quedan en el mar de lágrimas y lamentos, luego al pasar los tiempos, cuando la agonía de sus fuerzas disminuye, la queja: "pude haber hecho tal o cual cosa, si no me hubiese detenido en el camino de la vida".

Los niños que piensan como Jesús no son comprendidos ni aplaudidos, sino rechazados, burlados, avergonzados y abandonados.

Más que nada en el mundo, Jesús amaba a los demás niños que como él no tuvieron herencia económica ni buenos apellidos; les maltrataban como si fueran animales; su educación pública, puesto que los colegios privados estaban vedados a sus posibilidades; en vez de Corn Flakes: plátano, batata, ñame, o el tradicional pan con chocolate.

Jesús practicaba una y otra vez, pero sucedía lo mismo; a pesar de todo su empeño otorgando el máximo de sus fuerzas, perdía apoyo emocional de sus allegados más íntimos y congéneres: se deprimía.

Tenía que ser cuidadoso al exteriorizar sus ideas, para no estrellarse con el muro de la envidia y la infamia deshonesta de muchos que no piensan, pero rechazan el altruismo ajeno.

Lo intentó otra vez y otra vez; esfuerzo, noches enteras de insomnio, vergüenza, abandono, hambre; el acostarse sin cenar, escenario nocturno de riquísimos y exóticos manjares que merodeaban la gloria de aquellos pensamientos. ¡Cuánto castigo, cuánto dolor!

Hubieron eternos días ilusos, se perdía el sentido de ser o estar; a menudo se hundía en el fango de la normalidad y anhelaba ser como la gran mayoría, viven para comer y dormir, llevan vidas de conformidad.

La presión aumentaba, pero luchó con más fuerzas al escuchar la voz de su Dios que le decía:

- ¡Desafía los fracasos, lucha, duerme menos; sólo necesita una idea pequeñita, ponla en práctica hasta que la razón se convierta en necesidad!

Olvidó sus arrebatos de un momento y miróse altivo con un norte: encontrar la gran idea; ¡se sentía vivo!

Ahora caminaba recto, pensando en la victoria de la libertad.

Había descubierto el momento más grande y singular de la historia, abrió sus puertas; su gran idea era práctica; viajó a intelectuales y no probos.

No obstante, fue el preámbulo del vislumbre que haría pincelar los más humildes corazones.

En esos días conoció a una hembra que sopló viento de angustia y de dolor, incomprensible como vientos huracanados fueron los días junto a ella que lo envolvió en un misántropo, el altercado apoderóse de la espera.

- Hola, que tal, yo soy Shuma, ¿y tú?

- Esterlina del Mar.

- ¿Quién eres, qué haces, qué estudias, qué trabajas, cuál es tu hobbies, explícame todo lo tuyo?

- Ya te dije que me llaman Esterlina del Mar, estudio medicina en la UASD, por supuesto no trabajo, soy cristiana Adventista del Séptimo Día, y mi hobbies es ser presentadora de televisión.

- ¡Oh, pero qué chulo está todo eso, mamacita del mar!

- Mamacita no, Esterlina del Mar.

- ¡Okey, que se sepa!

- ¿Le gustan los poemas?

- Si es así, haré un libro de poemas para usted.

- El sentido de los mismos reflejará la vivencia del momento nuestro.

Así empezó Shuma a escribirle poemas de amor a esta recién conocida, y entre poemas se hicieron novios. Escribió los siguientes versos:

HIPOCRECIA

Jamás había visto
En mi vida un corazón
Que llevara consigo
Tanta hipocresía.

Teme aceptarle
A un transeúnte
Las palabras tiernas
Que él pueda expresarte...

No pierdas ocasiones
Como la que tienes ahora,
Nunca la encontrarás
Con tanta sinceridad.

Hipócrita eres
Desde que tú naciste,
Tu corazón endureció
Como las rocas del mar.

No sé cómo resiste
El peso que llevas dentro
De esa alma solitaria
Que no tiene a quién amar...

QUISIERA SER POETA PARA DECLAMAR
 TODO EL AMOR QUE SIENTO POR TI

Quisiera ser poeta para decirte
Lo tanto que te amo,
Quisiera ser poeta para decirte
Lo que te quiero,
Porque de esa manera
Mi corazón quedará libre
De la amarga soledad que me produce
Tu ausencia.

Quisiera ser poeta para declamar
La oración del amor,
Quiero ser poeta
Para honrar tu presencia,
Para decirte que mi vida sin tí
No es posible,
Quisiera ser poeta
Para dibujarte en mi corazón.

Quisiera ser poeta
Para declamar tu belleza,
Para decirte tantas cosas dulces
Que enaltezcan mi corazón;
Quiero declamarte

Lo que te he extrañado,
Lo que he sufrido
Al ver caer la tarde y volver la mañana
Sin verte a ti.

Quisiera ser poeta para decirle
A las estrellas que iluminen
Tu camino,
Para decirles que te indiquen
El camino hacia mí,
Para decirles
Que mi felicidad eres tú...

ESTOY EN LA PRISION DE TU CORAZON

Por qué tenías tú que venir
Solamente a amargar mi vida,
A traerme sufrimientos
Por la sed de tu amor.

Me tienes atrapado en tu corazón,
Todos los días pienso en ti,
Quiero verte una vez más
Y saciar mi amor por ti.

Quiero olvidarte,
Pero no tengo valor
Quiero besarte de nuevo,
Por favor otra vez más.

Si tú vuelves a mí
Sería el hombre más feliz...
Ya que quiero olvidarte y no puedo,
Es que mi alma y mi corazón,
Se sienten muy desolados.

En eso una hermana de Esterlina del Mar vino directamente de su pueblo a conocer a Shuma Palacios y a contactar personalmente lo que de él decían las mujeres que lograban entrar en contacto con él.

- ¡Hola, hola, hola, papi!

- Me han contado tantas cosas de ti, que si no las compruebo creo que me voy a morir; así que escríbeme un poema, con tus labios en mi boca.

- ¡Pero el diablo, si es que me estoy dando a un maldito papi!

- Mi hermanita y yo nos vamos a compartir este pastelillo, jay!

- Mira Perla, lo que estoy sintiendo contigo ahora nunca lo he logrado con tu hermana que es mi novia oficial, ella es señorita, en cambio tu no lo eres, es por eso que podemos hacernos el amor sin problemas; no te atrevas a decirlo a nadie, no quiero que Esterlina se entere de nuestra relación y sufra por ello.

- ¡Cuál relación!

- Nosotros estamos fornicando, y me ha fascinado hacerlo; escríbeme un poema en mi corazón, para no olvidarte jamás.

- ¡Okey, mami!

AMOR DE TEMPORADA

Una vez tuve un amor
Que lo llamé de temporada,
Porque fueron cinco días
Que retumbó mi corazón.

Al tercer día
Entristeció mi alma
Al ella decirme
Que tenía su novio.

He decidido hoy,
Con la experiencia que he tenido,
En este día tan melancólico,
No volverme a enamorar.

Ella tan cariñosa
Me brindó todas sus caricias,
Y yo como un simple tonto,

La acogí en mi corazón y alma.

Ella se fue de mí
Dejó mi alma desolada y triste,
Como aquel gorrión
Que le destruyen su nido.

Así de serio quedó mi corazón,
Dispuesto a cualquier cosa,
Que mejor es no decirlo,
Porque me atrevería a hacerlo.

Esa joven de boca frágil,
De ojos pequeños y bellos,
De cuerpo de guitarra
A esa joven yo la amo.

Ya hace tiempos
Que ella me dio el último beso,
Pero mi corazón
Siempre recuerda
A ese amor de temporada.

Me dijo...
- Cuidado si lloras.
Y le respondí:
- Quien llora entristecido
Es mi afanado corazón.

No sé si tengo valor
Para pensar algún día
Que voy a olvidar
El amor más pulcro que he tenido.

Al verla por vez primera
En mi corazón se formó
Una luz blanca inmóvil,
Que consternó toda mi alma.

Mi corazón no llora porque
Te fuiste de mi lado,
Sino porque nuestro amor
Tal vez no volverá más.

No vuelves si tú quieres,
Porque yo aunque pasen años,
Y tenga otros amores,
Yo te estaré esperando siempre.

Le dije para que lo supiera,
Que si ella y yo no nos uníamos,
Nuestro matrimonio con otro amor
Nunca sería feliz.

Porque yo la estaré esperando
Y ella vivirá recordándome;
Ella puede tener de seguro,
Que este cibaeño
Le ama con ternura.

Un amor por ella
Así como el que yo siento...
Nunca nadie se lo dará,
Con todo el fulgor y aliento.

Mi memoria recordará siempre
Sus ojos, pelo y boca,
Que fueron los que me dieron
Todo este amor que siento por ella.

Algún día la visitaré
Aunque se encuentre en el cielo,
Donde todo es un anhelo
Y allí sí es cierto que la besaré.

Además quiero que sepas

Que si algún día muero,
No será muerte de naturaleza,
Sino que será por ella.

Ya le dije y repito,
Que si muero
Por todo el amor
Que siento por ella,
Ella tendrá que pagarle
A mi Patria y al mundo,
Mi vida,
Con su sangre.

LO QUE ERES PARA MI

Si me pongo a pensar
Cada día en tí,
Pienso que algo va a pasar
Cuando deje de pensar en tí.

Tú eres tanto en mi vida,
Que siempre estoy inspirado,
De que un día estés a mi lado,
Para amarte toda la vida.

Nunca me había fijado,
Si alguna mujer sería mía,
En verdad sé que he amado,
Lo que ahora es para mí alegría.

Eres una flor en un jardín,
Que no ha sido marchitada,
Por una persona amada,
Que venga de algún confín.

Eres una flor en arrullo,
Que quiere salir de ahí,

Para que ningún cocuyo
No se fije en ti.

PARA TI

He escrito este poema para ti
Ya que he visto que eres sincera,
Ojala que Dios quiera,
Que yo sea siempre para ti.

Desde que te vi me enamoré,
De tus lindos ojos y lindo caminar,
Me di cuenta que mi gusto mejoré,
Porque a una chica voy a enamorar.

Me gusta tu linda boca,
Que no he vuelto a olvidar,
Ya que mi mente está loca
De un día te vuelva a enamorar.

Tú eres la mujer de mi vida,
La que mi cuerpo ha deseado,
Por lo que tengo el alma herida,
Por siempre verte a mi lado.

Si te enamoro me dirás que sí,
No dejes destruir mi alma,
Ya que todo está en calma,
Dedico este poema para ti.

De visita con Marte Sila, un policía del Departamento de Operaciones Especiales, viajó a un campito llamado Los Cacaítos, cuando eso estaban construyendo -en lo que era el acueducto del pueblo- un balneario, en el mismo nacimiento de La Toma de San Cristóbal, y conoció a una de las flores humanas que invaden las montañas de la zona, se enchularon y le escribió lo siguiente:

SAN CRISTOBAL...

Una vez pasé por un pueblo
Era un pueblo muy bonito del Sur,
En donde hay chicas hermosas,
Chicas simpáticas y relucientes.

Llegué hasta el campo
En donde suben y bajan
Grandes montañas verdes,
Llenas de agua y flores.

Sus ríos son el refrescar
De las montañas, noches y días,
En ellos se encuentran peces,
Peces que pueden ser comibles.

En aquel campo conocí
A una chica muy hermosa,
Que al transcurrir las horas
Fue brindándome sus caricias.

Esa chica de ojos negros,
Pelo crespo, estatura buena,
Piel oscura y nariz perfilada,
Me brindó amor y parte de su
Alma blanca y buena.

Esa joven hermosa y yo
Nos fuimos a una de las tantas
Montañas que había,
Allí nos contamos nuestras vidas,
Allí nació nuestro amor.

Esa joven la llevo presente,
Cuando voy al cine, al trabajo,
La escuela, donde un amigo,

Es sólo pensando en ella.

Pensando en que algún día
La volveré a ver,
Para que ella y yo unidos
Con un beso tierno y fraterno,
Saciemos nuestro amor.

He determinado este pueblo
Como muy hermoso,
Ya que en este pueblo he conseguido
A una joven que me ha puesto,
A sentir el amor puro y sincero.

Le pido a Dios paciencia
Para aguantar el amor
Que siento por ella.

Por esas chicas relucientes
Llenas de amor y alegría,
Quiero a ese pueblo
Llamado San Cristóbal.

Era incontrolable la efervescencia de sus sentimientos patrióticos, desde muy joven los llevaba dentro, únicamente que no sabía cómo hacerlos visibles para que otros pudieran compartir con él sus inquietudes pro-independistas, pro país, pro-dominicanos.

MI PATRIA

Mi Patria está cayendo,
Está cayendo en medio
De los desfalcadores de sus bienes,
De esos que no la aprecian,
Hay que destruir a esos hombres
Antes que destruyan más mi Patria.

Pero esta desfalcación comienza
Por los grandes funcionarios,
Que se enriquecen en el poder,
Prometen mucho para subir,
Pero cuando están allá
Se olvidan de todo el mundo,
No conocen a nadie.

No se recuerdan que existen gentes,
Que existen gentes que luchan
Con su estómago,
Que luchan por el bienestar social,
Que no tienen la culpa de un grupito;
Hay que poner gente nueva,
Gente que no destruya mi Patria.

MIRANDO LA LLUVIA MOJAR LA GRAMA

Era un invierno
De aquellos tiempos pasados...
Estaba yo en un parque recién construido,
Donde había árboles plantados,
Flores maravillosas y coloradas.

Había mucha grama
Que hacía tiempo que
No le llovía en su tronco,
La grama se marchitaba,
En un sol fuerte y sereno.

De pronto, unas nubes negras
Pasaron juntas por aquel parque,
Derramando una lluvia fresca...
Hacía tiempo que no llovía.

Las gramas todas unidas

Se felicitaron de alegría,
Acogiendo el frescor de la lluvia.

Mientras, las aves, los grillos,
Las tortolitas y otras aves,
Buscaban refugio para no mojar
Su cuerpo seco y no pasmarse
Con el fuerte calor que tenían;
Mientras, yo miraba la grama
Que reverdecía con la lluvia y
La lluvia caía sobre mi cuerpo sosegado.

La aurora resplandecía
Con un arco iris que se formaba
En las nubes grises.

Entonces, cuando la lluvia
Dejó de caer sobre la grama
Comenzó a salir el sol,
Salieron las avecillas
Tomando asiento en los matorrales,
Chupando las gotitas de agua
Que dejaron las nubes en sus hojas.

Entonces, yo me iba de allí,
Dejando grabado en mi mente,
El caer de la lluvia sobre la grama.

UN ESTUDIANTE

Un estudiante es lo más bello
Que existe sobre la faz de la tierra.

Se pasa los siete días de la semana
En afán de sus tareas.

Olvidándose de los canes

Que otros amigos disfrutan.

Sólo piensa en una cosa
Llegar a camino en el mañana.

No le importa las vacaciones,
Tolera el amor carnal.

Su mente está intacta
En un libro de cultura.

Su rostro está pálido
Pero su alma está limpia.

Se priva de muchas cosas
Por estar concentrado en su clase.

Qué bonita es la vida,
Que vive un estudiante.

Estos poemas se los dedicó a Esterlina del Mar.

UNA JOVEN QUE CREIA EN DIOS

Conocí una vez a una joven
Que creía en Dios Omnipotente,
Que oía la música de Beethoven
Y en sus clases era excelente.

Visitaba siempre un templo,
Era un templo adventista,
Que para dar un buen ejemplo
No admitía una conquista.

Era una joven preciosa,
Como piedra de esmeralda,
Iba a los ríos y a la playa,

Se acostaba sobre la arena mojada,
Y sólo se mojaba la espalda.

Tenía el cabello suave y fino,
Su pelo no tenía enredadera,
Como una carrera de lino
Le llegaba hasta la cadera.

Vivía en la Capital
Estudiando todos los días,
Porque en su casa natal
No le aguantaban porquerías.

Ella amaba la iglesia
Como el amor de Melibea y Calixto,
Como se dice en la Santa Iglesia,
Hay que amar a Jesucristo.

FLOR DE PRIMAVERA

La primavera envuelve tantas cosas
Como el árbol de framboyán,
Que con sus lindas rosas,
Que con el aire no sé dónde están.

Posee la felicidad eterna,
Traída de otro planeta,
Iluminada con una linterna
Que posee un cometa.

La primavera no se traga
A una flor marchitada y serena,
Que con sus labios besa la luciérnaga
Su pálido rostro sin arena.

Los cocoteros, las palmeras
Reverdecen con su aire fresco,

Que traen las primaveras
A un clima tan grotesco.

La flor de la primavera
Me tiene siempre inspirado,
Y me siento inspirado de veras,
Aunque el aire no se haya refrescado.

LA LUNA, EL SOL Y LA TIERRA

Son tres planetas
Andan volando juntos,
Andan con los cometas
Buscando a los difuntos.

La luna en su esplendor,
Mirando hacia la tierra
Llena de orgullo al observador
Que mira desde la sierra.

El sol es el padre del mundo,
Es el creador de la vida humana,
La luna y la tierra de él son hermanas,
Creando así un amor rotundo.

La tierra es sabiduría y experiencia,
Ha sabido esperar con paciencia,
A las gentes furiosas que le rodea,
Procedentes de cualquier aldea.

Estos planetas maravillan
Al universo espectacular,
Mirando los cometas que se estrellan
En las profundas aguas del mar.

Ya en el centro de estudios, se relacionó con María Dolores; describirla es una utopía mental, bella como los atardeceres de primavera o los mediodías de invierno, exótica como las aves de la isla de Galápagos.

MARIA DOLORES

Qué linda es María Dolores,
Con sus lindos ojos y caminar
Deleita a toditas las flores,
Haciendo que el agua de la tierra
Vuelva a manar.

La conocí una noche clara
Donde la luna veía su belleza,
Que ha brotado de una cuna
Que ha creado la naturaleza.

Cuando miro sus labios rojos
Mi corazón late muy fuertemente,
Porque mirándome con tus bellos ojos
Mi espíritu desea verte.

María Dolores de mi vida
No hagas sufrir mi corazón,
Mira mi alma como está herida
De ya no pensar como antes mi razón.

Ámame María Dolores,
Quiero mirar en tus hermosos ojos
Que relumbran toditas las flores,
Con sus lindos capullos rojos.

Quiero que seas mi amor
Para que vivas en mi presencia
Y me regales tu calor,
Que hoy espero con paciencia.

Estoy enamorado de tí locamente,
Ya que tu boca quiero besar,
Sin que lo sepa la gente
Quiero que te dejes de mí enamorar.

Quiero que en tu casa amada,
Permita de mí una serenata,
Ya que tú eres un Ada,
Que viene de un cielo de plata.

Tú sabes que te amo,
Como nunca nadie lo ha hecho,
Y si te digo que no te amo,
Me verás enfermo de amor en un lecho.

Te pareces a una mariposa
Que desea buscar
A una amiga llamada Rosa,
Para ponerte a jugar.

Te pareces a un colibrí
Que buscando una anomalía
Le quita a su amigo ajonjolí
Trayendo a éste melancolía.

Yo quiero que tú seas mía,
Pensar que te quiero
No es una melancolía,
Porque este amor es con esmero.

Quiero que suavices mi espalda
Con tus manos suaves y ardientes,
Y te pareces a una esmeralda,
Que por su belleza la quiere toda la gente.

Te cuido como a una rosa
Que no se parece a todas las flores,
Que relumbra por ser hermosa,

Y se parece a María Dolores. Ellas mismas lo convirtieron en un pica flor, se les lanzaban ellas mismas, era un gustanini, un papista sentimental.

Su amigo José sufrió los efectos de una calumnia y Shuma le parafraseó sus emociones, de la siguiente manera, cuando se encontraba hecho preso en la Peninteciaría de la Cárcel de La Victoria.

SOY INOCENTE

Soy inocente de lo que me acusan,
No tengo que ver con lo sucedido,
Y los capitalistas abusan,
Con algo que no he cometido.

Dondequiera que vaya soy inocente,
Aunque hayan personas que no me crea,
Que esto vino de otra gente,
Que se dedica a esta tarea.

Soy inocente de todo esto,
La cárcel no fue hecha para mí,
No permito que nadie me haga arresto
Sobre algo que no cometí.

Quiero que hagan uso de razón,
Cuando ustedes crean prudente,
Ya que se me paraliza el corazón,
Aclamando a Dios y al mundo,
Que soy inocente.

SECRETARIA

Secretaria te felicito
Por ser este tu día,
Dale gracias a Jesucristo,
Al no darte melancolía.

Secretaria eres trabajadora,
Eres como un laurel,
Que sabe que tu jefe te adora,
Y por eso tú lo quieres a él.

El pica flor continúa con su hazaña de conquistar con sus versos a cuántas sean necesarias, se convirtió en un Salomón.

JOSELIN...

Joselín como a nadie te adoro,
Mi alma está marchitada y serena,
Tú eres mi único tesoro,
Que fermenta la flor con la arena.

Te conocí en donde el aire
Brilla de color azul con el cielo,
Donde nunca hay desaire
Y donde todo es un anhelo.

Y tú junto a este espectro
Relumbraba de belleza,
Donde quiero ser un maestro,
Y demostrar mi destreza.

Te pareces a una tortolita,
Que buscando su alimento,
Te das cuenta que eres bonita,
Sirviéndote esto de aliento.

A los siete años de amores públicos, celebran sus bodas en donde se hicieron presentes, en su mayoría, amigos, compañeros de trabajo, hermanos de la iglesia y vecinos en general.

Se festejó en grande, con toda clase de bebidas; para los cristianos, un tanque de dieciséis galones llenos de cocktail, para los no veinte cajas de cervezas bien fría, Whisky, ron, etcétera. La luna de miel, una semana en el Hotel Naco.

Cuando un día de esos que la infamia arrebata, intolerable, como fuego consumidor, se dejaron llevar el uno del otro por la burla del divorcio y ahí mismo sembraron su desamor; ungidos de esperanzas tiraron por la borda el bálsamo que en una época les prometió felicidad. Días de sombras, soledad, como bebida embriagante; acusaciones por descifrar quién tenía la razón, cada uno tomó dominio a su rienda y la duda de la inseparabilidad se tornó sumisa. Shuma mal pasó, pues la malvada lo dejó durmiendo en pleno suelo; la depresión lo acogió en su seno y lo quería devorar.

Al devenir momentos enteros cubiertos por noches, conoció a una flor que su aroma lo embriagó y sumióse en sueño idílico tal, que ni Dios en su Trono Sempiterno y Todopoderoso entendería. El concierto teatral de las nubes anidaron las musas de amor y la recámara de la luna llena fue alfombrada de estrellas. No se hizo esperar una estela de cometas, para nublar de todo tipo de joyas la lava que brotó de los confines de otros mundos jamás conocidos. El amor que nació allí fue único y exclusivo.

Ella leona y él escorpión unían sus cuerpos como volcán escondido en la plétora de los atardeceres o los mediodía.

Eran ellos propiedad del jardín de la floresta, de los pastizales, de los instrumentos musicales, de la lluvia, los mares y los ríos. Poseían toda joya preciosa, el arco iris era su morada. Los glaciares no tenían entrada, puesto que el sol atrapado en su sexo era suficiente y tardo en pasados, todo se resumía en presentes. La locura era a menudo confundida con la fuerza viva y la soberbia de amarse sin control ni medida.

Tras dos años de publicar sus sentimientos ante sus respectivas familias, consideraron oportuno unirse en el lapso del matrimonio, y lo hicieron. Así como regalo de cumpleaños de Shuma, Priscila de la Fuente se donó como gratitud al amor que la enloquecía y el día 17 de noviembre del año 1993 celebraron unas nupcias sencillas y solitarias, en la oficina del Juez Civil.

Ella lograba en él el clímax en inspiración, era algo emblemático e incomprensible por la multitud de familiares y amigos que codeaban su relación.

El logró componer múltiples canciones y poemas al amor más grandioso de su vida, como:

TU...

Cuando duermo
Mis sueños son contigo.

Si despierto sueño contigo.
Si canto, el canto eres tú.
Si me baño,
El agua eres tú,
Refrescas mi alma.

Y así voy por el mundo
Contando los minutos
Que he pasado sin ti.

No puedo olvidar
El toque mágico de tus labios:
Dos pétalos estacionados en el mundo.

Tú eres la miel
Que endulzas mi existencia,
Que alegra mi vivir,
Que motiva mis encantos.

Eres una flor
Que creció con mis lágrimas.
Tus encantos son el sonido
De muchas aguas en el desierto.

Deseo pincelar tus sentimientos
Con mis más nobles palabras.

Has de ser tú el vehículo
Que distribuye el olor agradable
De mis labios al mencionar tu nombre...

Cuando pienso en ti
Viajo a países de exóticos bosques
Y tú te paseas libremente.
Resuelta, amorosa y descubre tu todo
Y lo lanza al vacío.

Tus encantos son exóticos
Como lo es el viento.
Tú eres la flor
Que dio vida a mis lágrimas.
Tú la succiona
Y extraes el néctar de mis ojos.

La lluvia trajo consigo
Tu melodía, yo la interpreté
E hice rítmicos versos,
Que dan fuerza a mi vida y mi ser.

Sin tí imposibles fueran
La brisa mañanera,
El suave manto del pájaro
Y el espectro alucinante del mar.

Cuando se levanta el alba
Tú desciendes en rocío
Y da vida a la natura,
Tú, ilusión del infinito.

He pasado los momentos
Más dulces y bellos,
Junto a ti.

A MI DIOSA

Quisiera ser astronauta,
Para bajarte uno a uno
Los planetas más bellos,
Y formar un jardín con ellos,
Y tu pelo sea la alfombra
Donde descanso de mi viaje.

Eres una gota de agua
Que bajó del cielo
Y te convertiste en mujer,
Y yo te convertí en mi diosa.

Tu cariño inagotable
Forma constantemente en mi adentro
Una paz que transforma los mundos.
Y te hago mía
Con el néctar de mi boca,
Y el azúcar de tus ojos
Me hace sentir sabio.

Eres mi princesa que me hizo suya
Y me lleva en su adentro.
En donde sólo se llega con el pensamiento
Y en los sueños profundos
En los que suelo adorarte.

En tus ojos comencé
A magnetizarme
Y a hilar canciones
Que sólo tú y yo las oímos.

La penumbra se da vueltas,
Para que el brillo de tus ojos,
Se extasíe y tu orgullo
Me haga sentir el calor de tus manos,
Cuando se deslizan en mi cuerpo.

Déjame contarte lo que eres:
Una joven hermosísima,
Donde la naturaleza expresa su egoísmo,
Dándote demasiado
De todo lo inagotable
Y que al unísono es bello.

A ti la madre natura
Se dignó de darte en abundancia
La exótica hermosura
De las flores en primavera.
Tu carita coqueta
Siempre está en primavera.

Construiste en tu inconsciente
Un cofre en cristal finísimo,
Donde albergas el trono
De mi amor por ti.

Inviolable, divino, sensual.
Me dibujaste en la pared de tu alma,
Con el pincel de lo eterno,
Y me llevas prendida a ti,
Como el fuego es parte del sol.

Eres mi adorable doncella,
La que siempre he amado,
Porque antes de nacer,
Ya eras mía.

La que en las noches de vigilia
Sonríe y el arpa de tus manos
Entona la música
Que llevo dentro por doquier.

Ah! Mi fragancia.
Que en las tiernas mañanas
Perfuma el alma

Y anima mis sentidos.

Mi feliz princesa,
Que todo lo sueña,
Que todo lo alcanza,
Que todo lo piensa,
Y no deja de sentirme a mí.

Una ilusión
Que llegó de la nada.

Un relámpago
Que despierta mi ensueño.

Una golondrina que trina,
Para que la tome en mis brazos.

Un pincel
Con el que puedo escribir
Los poemas más dulces,
Que jamás te contaron.

PIEL DE ANGEL

En las noches en que la luna
Se ausenta del firmamento,
Suelo mirar las estrellas.

Cubiertas por el concierto de la aurora,
Y el espectro alucinante del mar.

Adornado por un suave manto
De rosas exóticas,
Como si fueran joyas
Que formaron gotas de lluvia,
De los abismos celestes.

Así es tu piel,
De planetas habitados por ángeles eternos,
Cuyo plumaje es más suave que el olivo.

Quisiera tenerte fusionada a mí
Y hacerte soñar,
Aun estando despierta.

ERES MIA

Cuando te conocí,
Mi mente un frenesí,
Contarte lo que sentí,
Locura sin par.

Tus ojos una fortuna.
Tu boca fantasía que llena.
Tu cuerpo una flor azucena;
Un corazón para quererme.

El vacío se llenó con tu trino.
El frío cesó en tu abrigo.
Y en tu beso frenético,
Nació mi alegría.

Aquella que no tenía
La loca fantasmagoría,
Que sumido en mi fantasía,
No tenía antes de verte.

Eres tú mi amada,
La que mi alma llena de fama;
Oh! Flor sirenada
Entra conmigo en celo.

Despeja ese amor frívolo.
Dale paso a mi falo,

A tí quiero entregarlo,
Ya él espera por ti.

Entrégame el suspiro
Del fetiche paladino,
Que donó el destino
A nuestra corazonada.

Notoria es mi franqueza,
Desde que hiciste la brecha,
Que los días endechan.
Estoy abyecto de ti.

Pero cercano está el día
Que te sentirás mía,
Y sólo oirás la melodía
De la agonía de mis besos.

Tu corazón estará preso
En la cárcel de mi pecho,
Tendré un cariño diverso
Que convertiremos en doctrina.

Así no escucharás al que diga:
- "No quieras a ese esposo
Lo que dice es dolo,
Haz de una vez el divorcio".

Ellos no saben que eres mía,
Como el cielo a la lejanía,
Que no hay otra alternativa,
Seguir doquiera la presencia mía.

Te daré bufete de alegría.
Buscarás mis besos con diligencia.
Rápidamente notarás la diferencia,
Cuando despiertes en mis brazos cada día.

Los congéneres más cercanos de ella, eran opuestos a esta unión de corazones edénicos. Día y noche visitaban las fuerzas ocultas del bajo mundo, para que la agonía de su amor se escondiera e inundara de lodo y basura. Lograron separar sus vidas, pero no sus corazones siameses por la eternidad.

Ahora la idea de la muerte es adulta, con dominio propio, con autoridad, altiva, liberta, ocupada en la soledad y el abandono. Esta idea consume al ser más fuerte. Lo hace vulnerable a los pensamientos diabólicos.

Hay veces que ni el mismo Dios tiene paso, para dialogar con la autora de tanto pesar. Apágase poco a poco la esperanza y el deseo de vida.

Se torna el gusto amargo como hiel; la piel como hoguera infernal; los ojos cansados de estar abiertos; los oídos escuchando al viento que gime a espera de lo peor. La sangre cursa las venas como río desforestado.

SUEÑO... SOLO UN SUEÑO

Cuántas ganas dentro llevo
De en mí tener tu beso,
O en tus pechos sentirme preso.
Estoy ansioso de tenerte.

Ese día quiero verte
Toda mía, coqueteante
Y despacito besarte y envolverte,
En mi amor y tu idolatría.

Dirigir tu sinfonía
Y con mis manos la agonía,
Al tus encantos no callar que eres mía,
Como la flor y el aroma de tus besos.

Eres un lucero que lleva
En tu mundo toda riqueza,
Inspiración y grandeza,
Donación de lejanía.

AMANECIENDO EN TUS OJOS

El trinar de tus labios,
Comienza a herirme el alma.

Amaneciendo en tus ojos
Y en mis hombros tu ausencia.

El primer día, ese que me abandonaste,
Sólo amanecí con el reflujo de tus ojos.

Verme junto a ti nueva vez
Es más que ilusión, es salvación.

El día que no pueda verme en tus ojos,
Ese día muy de mañana moriré.

La idea de la muerte reina y gobierna autocráticamente. Aunque en lo más profundo del alma se escucha una voz que apagadamente trata de conquistar a los sentidos a que estos abandonen y huyan de la oscuridad. ¡Cuán vana es la vida! Sin alguien que susurre a tus espaldas lo mucho que te necesita y te ama, sin chantaje, sin trueques ni ambigüedad.

CARTA A UNA ESPOSA Y COMPAÑERA

Recuerdo cuando nos conocimos. Éramos compañeros de estudio. Yacía recostada a tu espalda tu cabellera dorada como el girasol o el sol naciente, cual obelisco, acoplado por tu suave piel de seda o el océano atrapado en tus ojos multicolor.

Éramos compañeros del mensaje de la libertad, de las interioridades, la personalidad, la conducta, los sentimientos, las emociones, la mente y el cuerpo. De manera, pues, éramos colofón del ser que respira.

Compuse decenas de poemas y canciones, y cultivé en tu alma semillas de amor. Poco a poco abundó y dispusimos caminar del mismo lado por el trayecto de la vida.

Al besarnos creíamos ser dueños del mundo. Soñábamos aun estando despiertos. No contaba, o muy poco, el valor del dinero o los bienes materiales. Cada paso que dábamos era la efervescencia de emociones. Gesticulábamos muy poco los músculos de la cara, para comunicar inquietudes u opiniones, puesto que -y de hecho es cierto- estábamos unidos uno al otro hasta en la mente.

La naturaleza nos donó su esplendor, su perfume, sus colores, las aves, los peces, reptiles, los pastizales; los pintó de variados colores y los entregó en nuestras manos, como trofeo al célebre amorío que triunfábamos.

En vano fue la estampida de nuestros sueños, en aquellas noches donde sólo tú y yo protagonizábamos, la que sería la triste novela que rasgaría el velo del teatro de nuestras vidas. Cuántos sueños estropeamos dedicados a soñar y a reír.

Héroes de esta batalla lo fueron la indiferencia, el orgullo, la vanidad; el amor al dinero y a los objetos materiales, antes que a la esencia del ser amado. Cómo pude ser tan tonto al entregarte mi vida y mis ilusiones o la llama que encendida era el faro de ideas en las que el mismo Dios me dispuso lograr. Confié tanto en ti que olvide el calendario. Te amé más que a mí mismo.

Ahora solo y vagabundo en un mundo confuso viajo, desdeñado por esas ideas que otrora fueran parte íntegra de mí.

Ansioso espero la muerte, como propina al heroico esfuerzo de haberte amado. Tu ex, quien te perdona.

Desilusionado al no ver hecho realidad el clímax de sus sueños, se dispuso liberar su inconsciente de recuerdos traumatizantes, y escribió lo que sigue:

CARTA AL HIJO QUE NUNCA NACIO

Hijo qué tal te va por esos lugares. Yo aquí pensando cómo habría sido la vida juntos. De noche deléitome con la luna y estrellas fugaces o detengo la mirada más allá de lo prudente.

Puedo verte jugando con los ángeles, son esos mismos que envías a velar cada paso que doy o las solitarias noches donde suelo noctambular, con tus recuerdos y los de papá. Hubiera cortado un pedazo de firmamento para entregártelo en bandejas de perlas, como símbolo eterno de amor, comprensión y paz.

Poseyeras mi precioso tiempo para jugar y sería el bosque nuestro escondite predilecto o llamaríamos por las noches al búho, al cucú, al águila, al halcón, al gavilán, como testigos de nuestros sueños.

De mañana correríamos, cogidos de mano, montaña abajo por el campo, tropezando hojas o ramas secas; incluso untaríamos los pies del perfume de las rosas. Comprendería los sucesos de tu actitud por las limitantes de los demás. Sería tu mejor y más valioso amigo. Seríamos cómplices en todo. Oirías mis consejos y yo los tuyos.

Si al tropezar con las duras piedras del camino de la vida cayeras, sin vacilar ni un instante doblaría mis rodillas para ayudarte a subir, sin importar lo tan bajo que hayas caído ni el tiempo que tarde en recuperarte. Esto no significa que sería permisivo de malas acciones e inconductas, o que trataría de ahogarte con mis condiciones o súplicas a la cordura. Para ser amigos no hay condiciones ni situaciones, para serlo sólo hay que aceptar al otro tal cual es, sin querer cambiar su forma de actuar; los amigos se aman aun después de muertos.

Hijo mío si fueras materia yo sería un padre modelo. Con mi ejemplo te educaría, amoroso de tus iguales y de los que no; serías compañero de todos sin importar su raza, color, condición social, económica, política o religiosa.

Nunca golpearía tu piel, suave manto que Dios te dio para cubrir los huesos; ni ofendería tu desarrollo mental con improperios. Nunca serías el blanco de mis depresiones o bravuconadas.

Nunca te compararía negativamente con otros niños, dejaría que fueras tú mismo escogiendo tus propios horarios.

Jamás impondría en ti nada; dejaría tus decisiones como buenas y válidas; respetaría tus emociones y sentimientos.

Te enseñaría mis planes y proyectos, mis conocimientos, experiencias y habilidades, pero nunca pensaría por ti. Orientaría tu mente a la hora de elegir, pero siempre tendrías la última palabra, que a la vez serían las más propicias e importantes.

Si te despeñaras en errores que ofendieran mi moral y mi conducta, te perdonaría cuantas veces fueran necesarias, hasta hacerte razonar. Al fin y al cabo eres mi hijo, carne de mi carne y hueso de mis huesos; cómo podría odiar lo que es parte de mí mismo y al que no pedí permiso para traerlo a este mundo equivocado o no.

Si inclinas tu orientación a las artes, tal vez fueras actor, productor de cine, soprano, tenor; o tocaras el piano; sabe Dios ¡cuántas sinfonías o sonatas ya compuestas tendrías y fueras el mejor!, porque un hijo mío nunca sería de la cola o el primero, fueras el mejor del mundo; compusieras poemas y canciones.

¡Dios....! Esa fue la voluntad de Dios, quiso hacerte santo y que sólo pudiera verte a través de mis sueños libertarios, esos que rompen cadenas y abren calabozos. Nunca seré esclavo si me dejan pensar.

Cuando llegue a tu mundo volaremos asidos uno al otro, a los universos que ahora nos prohíben. Mientras, quedarán aquí mis escrituras y pensamientos, como baluarte de ideas otrotas. A ti te digo que no desesperes, muy pronto estaremos juntos y nadie podrá separarnos.

Hay veces que el Señor sólo les da pan a quienes no lo pueden comer; aun así su voluntad, lo alabo, lo venero y reconozco que es el Alfa y la Omega. Hijo no naciste, pero te llevo muy dentro de mí como si estuvieras conmigo, todos los días de mi vida.

Tu padre.

El morbo de lo inevitable ahora se pasea libre todas las noches, en burla erótica de la flor que donó su perfume y belleza sin igual, a Shuma Palacios. Perturbado, incomprendido, rechazado, marcado, herido, lastimado, ya no se convierte en águila. El veneno de la luna llena se llevó la magia que interpretaba el milagro de la vida abundante y feliz.

Ha de morir, para que la flor que una vez él regala con sus lágrimas, sea libre...

CONTINUARA...

NOVELA ESCUELA DE TITERES:
Algo que realmente sucedió.
de Jesús María Solís Medina,
Corrección y diagramación:
Editorial Jesús María Solís Medina,
Santo Domingo de Guzmán,
Capital de la República Dominicana.